ENCYCLOPÉDIE
CRITIQUE ET BIOGRAPHIQUE

DU DIX-NEUVIÈME SIÈCLE,

ARCHIVES HISTORIQUES, SCIENTIFIQUES, ARTISTIQUES, INDUSTRIELLES,
FINANCIÈRES, LITTÉRAIRES, HÉRALDIQUES, ET GÉNÉALOGIQUES DES FAMILLES NOBLES,
ET DES PERSONNAGES REMARQUABLES
VIVANTS, OU MORTS DANS LE DIX-NEUVIÈME SIÈCLE.

Ire SÉRIE.

1er VOLUME. — 2e SECTION.

Sommaire.

PARIS,

Au Bureau de l'Encyclopédie Critique et Biographique,
Rue Blanche, 58.
(ITE GAILLARD, 7)

1856

ROGER

GUSTAVE-HIPPOLYTE

ARTISTE AU THÉATRE DU GRAND-OPÉRA DE PARIS;
DÉCORÉ DE LA GRANDE MÉDAILLE DU MÉRITE, DE PRUSSE, POUR LES SCIENCES
ET POUR LES ARTS.

USTAVE — HIPPOLYTE ROGER naquit à Paris le 17 décembre 1815. Issu d'une ancienne et noble famille irlandaise qui, partageant l'exil de Jacques II, vint se fixer sur le continent après la *glorieuse* révolution de 1689, il eut pour aïeul du côté de sa mère M. Corse, artiste dramatique d'un grand talent, qui fut tout à la fois le restaurateur et le directeur de l'ancien théâtre de l'Ambigu-Comique, et qui mourut quelques jours après la naissance de son petit-fils. Le comte Ready de La Grange, grand-oncle paternel du jeune Gustave-Hippolyte, fut colonel de la gendarmerie de Paris en 1812, puis gouverneur d'Arras et de Beauvais. Le baron Roger, un des frères de son père, littérateur distingué, à qui on doit entre autres ouvrages les *Fables Sénégalaises*, d'abord avocat à la Cour de cassation, fut directeur supérieur. puis commandant et administrateur du Sénégal et de ses dépendances, officier de la Légion d'honneur, député du Loiret, depuis 1831 jusqu'à la révolution de février 1848, et enfin représentant du peuple, pour le même département, à l'Assemblée constituante et à la législative (1).

A part son vieux grand-père, qui, au moment de mourir et pressant dans ses bras cet enfant, à peine âgé de quelques jours, lui insuffla peut-être son âme d'artiste dans un dernier baiser, personne de toute cette famille n'eût pensé au théâtre pour Gustave-Hippolyte.

De son côté, celui-ci, tout enfant, entrevoyait dans ses rêves les gloires de la scène, avec leurs bravos et leurs couronnes, leurs enivrements de chaque soir. En dépit des entraves que la famille apportait incessamment à la réalisation de ses projets d'avenir, sur les bancs du collége de Louis-le-Grand, comme dans l'*étude* de province où l'on avait cru devoir le reléguer dans l'espoir d'étouffer sous la pression des *minutes* et des *grosses*, l'étincelle du feu sacré qui brillait dans ses regards, il chantait avec amour, avec transport, de nombreux fragments des œuvres musicales qu'il avait entendues ou qu'il avait étudiées en cachette.

Bientôt ces émanations isolées d'une vocation indomptable cessèrent de lui suffire. Sur un théâtre de société dont il était à la fois le directeur, le régisseur

1) Élu le premier de la liste pour cette assemblée. comme pour la précédente. il mourut le 21 mai 1849, huit jours avant l'ouverture de la session. Voir sa notice dans cette Encyclopédie.

et l'acteur principal, il osa aborder des rôles tout entiers avec quelques grisettes de l'endroit et quatre ou cinq clercs, ses camarades, qu'il avait appelés à son aide.

L'incorrigible jeune homme, qui faisait un tel emploi des loisirs que lui laissaient *les contrats de mariage et les obligations hypothécaires*, aux rôles desquels il ne rougissait pas de préférer ceux de l'opéra, déserta à la fin une *étude* où, pour lui, s'étaient écoulées tant de longues heures d'ennui. Il revint à Paris, alla concourir pour une des places vacantes de pensionnaire au Conservatoire de musique et fut admis le premier sur quarante concurrents. On était alors en 1837. L'année écoulée, il sortait du Conservatoire avec deux premiers prix, celui de chant et celui de déclamation, pour entrer à l'Opéra-Comique, où il fit sa première apparition, le 16 février 1838, dans le rôle de *Georges* de *l'Éclair*.

M. Roger y fit merveille, et la presse tout entière se plut à reconnaître les qualités précieuses que le débutant y avait déployées. Au physique et au moral, du reste, c'était bien le personnage du rôle. Vingt-deux ans à peine, tournure élégante, distinguée, c'était bien, au point de vue théâtral, ce jeune Yankee que la philosophie *qu'il a faite à l'université d'Oxford* console de ses disgrâces amoureuses. Sous le rapport du chant, que manquait-il à M. Roger? Rien, surtout dans ce rôle qui se distingue entre tous par la fraîcheur et la grâce des cantilènes, qui ne demande aucun effort de poitrine ou de gosier, qui ne présente aucune de ces transitions trop brusques d'un registre à un autre, aucun de ces intervalles impossibles, ou du moins inattendus, se rencontrant à profusion dans d'autres œuvres et que d'ailleurs l'artiste dont nous nous occupons devait bientôt montrer n'être qu'un jeu pour lui, comme il l'a prouvé sur une autre scène.

Ainsi, non-seulement M. Roger fut irréprochable dans le rôle qu'il avait choisi, mais encore il y fit preuve d'un remarquable talent, comme comédien et comme chanteur. C'était, au dire des vieux amateurs de l'orchestre, pour la tenue et pour la voix, Elleviou ; pour la méthode, Ponchard père ; Ponchard qui, presque entièrement aphone, n'ayant plus qu'un souffle de voix, chantait cependant comme avant lui on n'avait jamais chanté sur le théâtre de l'Opéra-Comique, avec cette sûreté d'intonation, cette égalité de timbre, cette articulation nette et précise du son qui permet à l'auditeur de comprendre chaque mot du livret, qualités précieuses, aussi rares que le cygne noir, *rara avis*, dans tous les temps et surtout en celui où nous vivons, qualités inappréciables dont la tradition semblait perdue sur le théâtre de la place Favart, quand y apparut M. Roger.

Son premier début fut salué d'immenses bravos que reproduisirent bientôt les échos de la presse, souvent peu fidèles, mais qui, dans cette circonstance, ne firent que répéter avec exactitude les éloges que chacun de ses auditeurs prodiguait au jeune débutant.

Un peu plus tard, et successivement, de nouveaux rôles, des créations importantes dans le *Perruquier de la Régence*, d'Ambroise Thomas ; la *Figurante*, le *Code noir* et *Gibby la cornemuse* de Clapisson ; le *Duc d'Olonne*,

la Part du Diable, la Syrène, Haydée, d'Auber ; *le Guita-
rero, le Sheriff* et *les Mousquetaires de la reine,* d'Halévy ;
Régine, d'Adolphe Adam, vinrent justifier la bonne
opinion que ses premiers débuts avaient produite et
lui faire, jusqu'en Allemagne, une réputation enviable. D'un autre côté, il avait repris, pour leur
donner un nouvel éclat, les rôles principaux du répertoire : *Linsberg* de la *Neige, Horace* du *Domino Noir,
Daniel* du *Châlet, Dmitri* de *Lestocq, Clairval* de la *Mar-
quise, Richard* de *Richard Cœur de Lion,* etc., et dans
chacune de ces parties, il avait largement développé
toutes les magnificences d'une grande intelligence
dramatique et d'une voix dont la suavité le dispute à
l'étendue et à la justesse. Aussi ne lui avait-il pas été
difficile d'y faire complétement oublier tous ceux qui
les avaient dites avant lui.

Dix années passées à cet heureux théâtre avaient été
pour M. Roger une longue suite de triomphes, en
même temps que l'occasion de nombreuses et luxu-
riantes recettes pour l'administration, quand il songea
à le quitter pour un genre plus sérieux, plus dramatique et plus vrai, unique objet de ses préoccupations
les plus secrètes, de ses travaux les plus assidus. Il se
sentait à l'étroit dans les proportions mesquines d'un
opéra-comique ; les cinq actes même de *la Figurante*
n'avaient pu lui suffire. Il rêvait les proportions gran-
dioses d'œuvres magistrales, dans lesquelles il pût
étaler à son aise tous les trésors de cette sensibilité
exquise, passionnée, que le ciel a versés dans son
âme avec tant d'abondance.

Depuis dix ans aussi, la partition du *Prophète* dormait

dans le portefeuille de M. Meyerbeer qui, ne trouvant point jusque-là au Grand-Opéra de Paris les dignes interprètes de sa pensée, que, de son côté, il rêvait aussi, préférait léguer ce chef-d'œuvre à la postérité à l'entendre *écorcher*, c'est l'expression consacrée, de son vivant. Enfin, il avait rencontré au théâtre de l'Opéra-Comique l'artiste qu'il désirait pour le rôle de *Jean de Leyde*, et il attendait, avec l'admirable patience qui le caractérise, la fin de l'engagement de M. Roger, quand des circonstances toutes politiques, du moins nous l'avons toujours soupçonné, firent taire ses dernières répugnances et ses derniers scrupules. Quelque temps après la révolution de 1848, il remit au directeur de l'Opéra l'œuvre la plus admirable des temps modernes, et, pour interpréter le deuxième des rôles principaux du *Prophète*, il fit choix de madame Viardot. Le premier, celui de *Jean*, était dévolu à M. Roger, nous venons de le dire.

Ce n'était pas une tâche facile que celle dont M. Roger consentait à se charger. Venir se placer à côté de Duprez encore dans tout l'éclat, dans toute la vigueur d'un immense talent, lui succéder peut-être, n'y avait-il pas là de quoi faire trembler même les plus intrépides. M. Roger le comprit, et, avant d'apparaître sur la scène redoutable où tant de talents réels sont venus échouer après avoir brillé partout ailleurs de l'éclat le plus vif, il jugea à propos d'aller mettre à profit les quelques mois de congé que son engagement lui donnait avant ses débuts, en chantant, aux côtés de l'admirable Jenny Lind, tous les grands rôles du répertoire italien. Son talent, du reste, avait grandi pendant ces dix années de travaux incessants ; sa voix s'était beaucoup développée, et, chose remarquable, *l'Éclair*, qui avait été sa pièce de début à l'Opéra-Comique, fut aussi celle dans laquelle il y fit ses adieux au public. Toutefois, il y avait changé de partie, et, au lieu du rôle de *Georges*, écrit, si nos souvenirs sont exacts, pour Jeansenne ou pour Couder, dans lequel il avait débuté, ce fut dans celui de *Lionnel*, écrit pour Chollet, rôle au diapason beaucoup plus étendu, abondant en sons graves, qu'il fit à l'Opéra-Comique un adieu suprême et définitif, avec un succès beaucoup plus grand encore que celui qui avait marqué ses premiers pas sur cette scène.

C'est à Londres, dans les sept derniers mois de 1848, de mai à décembre, qu'il avait été faire le premier essai de ses forces dans le genre sérieux, cette *veillée des armes*. Au commencement de 1849, il était de retour et prêt à commencer les répétitions du *Prophète*. L'accueil flatteur et empressé dont ses premiers pas dans l'*opéra sérieux* avaient été l'objet en Angleterre dut être l'heureux présage de celui qui lui était réservé à Paris, et faire bien augurer à l'artiste de son audacieuse tentative.

Le succès dépassa toutes ses espérances et justifia complètement celles de ses admirateurs. La soirée du 16 avril 1849 fut un magnifique triomphe pour l'artiste éminent, triomphe aussi grand que légitime, car il avait déployé dans le rôle difficile, à tous égards, du *Roi-Prophète* toutes les splendeurs d'une voix ravissante de fraîcheur et de suavité, servie par toutes les belles qualités qui font le grand chanteur : justesse scrupuleuse d'intonation, transitions habilement ménagées, accentuation pénétrante, irréprochable, entente absolue des situations, un talent dramatique hors ligne. Sa voix manquait peut-être de cette ampleur de volume qui fait de celle de Duprez la chose la plus étonnante du monde; mais par combien de douceur enivrante dans l'organe il rachetait cette qualité!

Des bravos frénétiques et toujours mérités accueillirent toutes les cantilènes de *Jean*, depuis les premiers sons du couplet :

> Ma mère, oh ! douce pensée,
> Bientôt sera de retour
> Avec ma fiancée,
> Bertha, mon seul amour!...

dont pas une seule intonation fut douteuse, malgré l'émotion inséparable d'un premier début, jusqu'au chant de triomphe de l'orgie :

> Versez, que tout respire
> L'ivresse et le délire...

où rien ne vint trahir la fatigue écrasante d'un rôle interminable.

Le récit du songe; la délicieuse romance :

> Pour Bertha, moi je soupire...

délicieusement exécutée par le chanteur, quoique d'une difficulté qui la rend presque inabordable, et qui s'enclave dans le magnifique quatuor du deuxième acte entre *Jean* et les trois anabaptistes; la scène avec *Zacharie*, celle avec *Oberthal*, l'hymne :

> Roi du ciel et des anges...

qui terminent le troisième acte, la grande scène d'adjuration avec ce couplet pathétique :

> Tu chérissais le fils dont je t'offre les traits,
> Eh bien ! que maintenant vers moi ton œil se lève...

le grand duo du cinquième acte entre le *Roi-Prophète* et sa mère, le gracieux trio-pastorale qui le suit pour soprano, contre-alto et ténor, entre *Berthe*, *Fidès* et *Jean*, furent pour M. Roger les parties les plus saillantes de ce rôle capital, celles où il parvint à s'élever à la plus grande hauteur, comme chanteur et comme comédien. Sensible et passionné dans la romance et dans la pastorale; tragique au delà de toute expression, mais tragique de la bonne école, sans emphase, sans boursouflure, énergique et vrai dans le récit du songe, la grande scène de la cathédrale et le duo du cinquième acte, il put voir cette assemblée de deux mille personnes qui l'écoutait avec une attention religieuse éclater en transports d'admiration à la fin de chaque morceau, à chaque instant, et le rappeler avec enthousiasme à la chute du rideau. C'était d'ailleurs justice, car il avait embelli, poétisé l'ignoble, la vulgaire figure de *Jean de Leyde*. Dès ce soir même la fortune artistique de M. Roger était faite. Du premier coup il avait atteint le sommet de la gloire réservée au chanteur et au comédien.

Depuis son entrée à l'Opéra, M. Roger a créé quelques autres rôles, notamment *Azaël* de *l'Enfant Prodigue*, *Léon* du *Juif-Errant*, ... de *la Fronde*, *Victor* de *Sainte-Claire*, etc., il en a repris plusieurs autres tels que

Gérard de Coucy de la *Reine de Chypre*, *Edgard* de *Lucie de Lammermoor*, *Fernand* de la *Favorite*, surtout *Raoul* des *Huguenots*, et jusqu'à *Licinius*, dans cette tragédie lyrique *la Vestale* dont nos mères faisaient leurs délices et que l'on a vainement tenté de galvaniser, il y a deux ans tout à l'heure. De ces œuvres *mort-nées* pour quelques-unes, la plupart ont disparu pour jamais de l'affiche, les autres n'y font que de loin en loin une furtive apparition, écrasées qu'elles sont par le magnifique répertoire d'Halévy et de Meyerbeer. Toutefois, M. Roger avait su donner un inimitable cachet aux parties dont il s'était chargé dans celles de ces œuvres qui n'apparurent que pour mourir aussitôt. Quant aux autres où il avait à lutter contre les souvenirs laissés par Duprez et même par Nourrit, souvenirs profonds et vivants encore dans bien des mémoires, il a su leur donner un attrait tout nouveau.

Il est des hommes à qui l'on succède et que l'on ne remplace pas, a dit Thomas, en allant prendre possession, à l'Académie, du fauteuil laissé vacant par la mort de Voltaire. Cette pensée peut aussi s'appliquer à la succession des deux grands artistes que nous venons de nommer, et M. Roger, nous en sommes bien certain, n'a pas la prétention d'avoir remplacé aucun d'eux, car, avant tout, les vrais talents sont modestes et sévères pour eux-mêmes. D'ailleurs, à quoi bon le vouloir? Pourquoi chercher ce résultat mesquin et se faire copiste quand on peut être créateur?

Nourrit et Duprez ont été, tour-à-tour, deux individualités exceptionnelles. Chacun d'eux a porté l'art du comédien lyrique, surtout celui du vocaliste, jusqu'aux dernières limites du possible, mais tous deux sont arrivés à ce résultat magnifique par des routes sinon opposées, du moins différentes. Que pouvait donc faire M. Roger en venant après eux? Suivre servilement les traces de l'un ou de l'autre, ou bien marcher résolument vers le même but, mais en se frayant, lui aussi, une voie nouvelle? mettre à profit les exemples que lui ont légués ses devanciers; créer, comme ils l'ont fait, un art nouveau ou du moins perfectionner celui qu'ils lui ont transmis? C'est ce dernier parti qu'il a cru devoir prendre. M. Roger est donc, pour nous, un troisième point d'arrêt, un troisième échelon dans l'histoire de l'exécution lyrique. Il est à Duprez et à Nourrit, dont il résume par la synthèse les qualités brillantes, ce que, dans l'histoire de la composition, Rossini est à Mozart et à Gluck, bien que la personnalité enviable par laquelle il s'est révélé à notre admiration se rapporte plus à celle de Mozart qu'à celle de Rossini.

Pourquoi faut-il qu'un talent aussi précieux reste pour ainsi dire enfoui ou, du moins, ne fasse que de bien rares apparitions sur la première scène lyrique de l'Europe, où sa destinée, qui doit grandir à chaque pas, l'enchaîne pour longtemps encore, nous l'espérons du moins. Quelque nouveau chef-d'œuvre des illustres auteurs de *la Juive* ou du *Prophète* ne viendra-t-il donc pas bientôt demander à M. Roger le relief d'une magnifique interprétation? et pourquoi donc n'a-t-il pas repris en attendant le rôle d'*Éléazar* dans *la Juive*, rôle qui semble avoir été conçu, écrit pour lui, au double point de vue du drame et du chant?

Quoi qu'il en soit, l'Europe tout entière n'a pas tardé à sanctionner la réputation que Paris avait faite à M. Roger. Les rôles de *Jean*, de *Raoul*, d'*Edgar* et quelques autres qu'il chante chaque année en Allemagne, en Angleterre et en Italie, dans l'idiome particulier à chacun de ces pays, avec une égale facilité, sont pour lui la source d'une ample moisson de bravos, de couronnes, de bouquets, d'ovations de toute espèce et enfin de *billets de banque*, car il faut bien que tout se traduise en fait matériel dans le siècle positif et mercantile où nous vivons.

Pourtant nous ne sommes pas bien sûr que l'artiste ne préfère pas, à ce dernier résultat de ses travaux, les ovations d'une toute autre nature que la rêveuse et musicale Allemagne lui décerne à chacun de ses voyages, et rien, nous oserions l'affirmer, si ce n'est la grande médaille du Mérite pour les sciences et pour les arts dont S. M. le roi de Prusse l'a décoré en 1854, rien n'a jamais valu à ses yeux cette sérénade que, après une représentation des *Huguenots* en allemand, et par une pluie battante, les habitants de Francfort allèrent lui offrir, abrités sous leurs parapluies, les pieds dans l'eau, et à la douteuse et tremblottante clarté de leurs lanternes.

Francis Roch.

VELTHEIM

(WERNER, *comte de*),

ANCIEN CHAMBELLAN DU ROI DE WESTPHALIE JÉRÔME BONAPARTE,
MAITRE D'HÔTEL HÉRÉDITAIRE DU DUCHÉ DE BRUNSWICH,
MARÉCHAL HÉRÉDITAIRE DU DUCHÉ PRUSSIEN DE MAGDEBOURG, GRAND VENEUR,
CONSEILLER PRIVÉ ET MINISTRE D'ÉTAT DU DUCHÉ DE BRUNSWICH,
CHANCELIER DE L'ORDRE DE HENRI-LE-LION,
GRAND'CROIX DE L'ORDRE DE L'AIGLE-ROUGE DE PRUSSE ET DE L'ORDRE DES GUELFES,
CHEVALIER DE L'ORDRE DE SAINT-JEAN, ETC. ETC

Écartelé : aux 1 et 4, d'or, à une large fasce de sable accompagnée de deux autres fasces plus petites d'argent, qui est : de VELTHEIM; aux 2 et 3, d'argent au tronc d'arbre de gueules, scié par le haut, donnant naissance de chaque côté à une feuille de pervenche; entre 3 et 4, d'azur à deux crosses d'or en sautoir. Sur le tout, de sinople à une ancienne porte de ville ouverte, d'argent, avec une herse et quatre tours, entre lesquelles plane un aigle de sable. Devise. EN DIEU MON ESPÉRANCE.

ONSIEUR le comte WER-NER DE **VELTHEIM**, né à Brunswich, le 18 fé-vrier 1785, est le chef d'une famille qui, pos-sédant le titre de maître d'hôtel héré-ditaire du duché de Brunswich depuis l'année 1514 (du jeudi après *Invocavit*), et d'échanson héréditaire de la principauté d'Hildesheim, affecté à la terre noble de Ding-Elve, a été élevée à celui de comte le 7 juil-let 1798, et de maréchal héréditaire du duché prussien de Magdebourg le 15 octobre 1840.

Le père du comte Werner, chef héréditaire de la bouche du duc régnant et intendant, des mines, homme aussi remarquable par la distinction de son caractère que par l'éclat de ses hautes fonctions, destina son fils au service public. et l'envoya terminer à l'université de Goëttingue d'excellentes études classiques. Un examen approfondi des hommes et des choses, d'incessantes lectures, des recherches minutieuses eurent bientôt initié le jeune comte à tous les secrets de l'administration forestière, vers laquelle il avait porté ses vues. Des voyages dans les divers États de l'Allemagne, et surtout dans la Prusse orientale, vinrent plus tard ajouter la pratique à la théorie de ses connaissances administratives. Détourné un instant de ses labeurs scientifiques, pour entrer, en 1808, avec le titre de chambellan, au service de Jérôme Bonaparte, alors roi de Westphalie, M. de Veltheim renonça bientôt à cette servitude dorée, et fut admis, en 1809, dans l'administration forestière, objet de sa vocation décidée.

Inspecteur des eaux et forêts à Harbke jusqu'en 1813, il passa au service du grand-duc de Brunswich après la retraite de l'armée française et la dissolution du royaume de Westphalie. L'année suivante, quelques contrariétés l'amenèrent à donner sa démission, et il se retira à Goëttingue. où, pendant un an, il vécut éloigné des affaires. Le duc Frédéric-Guillaume mourut en 1815, et M. de Veltheim, vivement sollicité, reprit son rang dans l'administration. Appelé au conseil après le rétablissement du duché de Brunswich, il fut nommé conseiller de la chambre, section des forêts, et maître de la vénerie. Il occupait cette double fonction lorsque le duc régnant Charles de Brunswich voulut le forcer à provoquer en duel le comte de Munster, dont le duc croyait avoir à se plaindre. M. de Veltheim refusa énergiquement, et fut disgracié

En 1830, le duc Charles fut privé du trône. Le duc Guillaume, appelé à lui succéder, fit aussitôt revenir M. de Veltheim auprès de lui, et l'envoya à Berlin porter au gouvernement prussien la relation sincère et officielle des événements politiques dont le duché de Brunswich venait d'être le théâtre.

A quelque temps de là, le ministère fut dissout, et M. de Veltheim entra dans le nouveau cabinet avec le portefeuille des affaires étrangères et des affaires militaires, sous le titre de premier conseiller ministériel. Il venait d'être élevé au poste de conseiller privé, quand il fut nommé chef de l'intendance de la cour, et chancelier de l'ordre de Henri-le-Lion, fondé le 25 avril 1834. En 1835, M. le comte de Veltheim fut envoyé à Vienne porter au nouvel empereur les félicitations du duc de Brunswich sur son avènement. En 1837, il alla remplir à Londres les mêmes fonctions d'envoyé extraordinaire, dans des circonstances identiques, auprès de la jeune reine Victoria.

S'il faut en croire les bruits du monde, M. de Veltheim est un des diplomates qui, en Brunswich, ont le plus contribué au mouvement politique de 1830; mais le noble comte nie d'y avoir pris la moindre part. Toutefois, s'il décline cet honneur, il ne peut se refuser à celui d'avoir fait doter son pays d'un bien im-

mense, en provoquant, entre autres, la loi qui sup-
prime les droits féodaux, et en triplant, par une
bonne et sage administration, les revenus forestiers
du duché de Brunswich.

Monsieur le comte Werner de Veltheim a épousé :

1° Le 24 septembre 1810, demoiselle Wilhelmine
d'Adelepsen, qui mourut sans postérité ;

2° Le 10 décembre 1812, demoiselle Adélaïde-Mé-
lusine d'Adelepsen.

Ce mariage a produit :

    1° Hans, né le 19 juillet 1818, chambellan du duc de Bruns-
      wich;

3° Le 3 août 1824, demoiselle Émilie-Caroline-Hen-
riette de Briesen, née, le 29 mars 1801, à Brunswich.

De ce mariage sont issus :

    2° Mechtilde, née le 24 juillet 1825, mariée le 30 septembre
      1845 à Adalbert Hildemar baron de Cramm, à Velpen ;
    3° Armgarde, née le 15 janvier 1829, mariée le 12 novembre
      1850, au château de Harbke, à Max baron de Saldern, à
      Wilmarck.

Pour faire connaître la famille de M. le comte Werner de Veltheim tout entière, nous ajouterons aux
personnages que nous venons de mentionner sa nièce,
fille de son frère aîné, le comte Rœtteger (né le 25
janvier 1781, mort le 27 mars 1848), et de Louise de
Lauterbach, première femme de ce dernier :

    Ottonie, née le 28 juillet 1805, mariée le 1er décembre 1827,
      à Othon-Auguste baron de Veltheim, conseiller provincial
      du royaume de Prusse, possesseur héréditaire du fidéicommis
      de Veltheimsbourg, Cantersleben et Nordgermersleben,
      veuve depuis 1848.

A. DE SAINT ROCH.

GHIKA

UNE des merveilles de notre siècle, et ce ne sera, croyons-nous, ni la moins utile, ni la moins féconde, c'est d'avoir donné à la femme le besoin irrésistible de demander à la poésie, à la littérature, à la philosophie, quelquefois même à la politique, ces émotions ardentes, ces jouissances profondes que l'homme regardait jusque là, comme tellement de son domaine exclusif, à cause de leur austérité, qu'il n'avait plus que dérision et mépris au lieu d'amour pour la femme qui, lui paraissant abdiquer sa véritable, sa seule puissance, celle de la grâce et de la beauté, était assez hardie pour vouloir y substituer, ou même y joindre, le charme d'une haute raison et d'un esprit cultivé.

Nous sommes bien loin du temps où Molière faisait dire à Arnolphe :

« Moi j'irais me charger d'une spirituelle
Qui ne parlerait rien que cercle et que ruelle ;
Qui de prose et de vers ferait de doux écrits,
Et que visiteraient marquis et beaux esprits.
Tandis que, sous le nom de mari de Madame,
Je serais comme un saint que pas un ne réclame !
Non, non, je ne veux point d'un esprit qui soit haut,
Et femme qui compose en sait plus qu'il ne faut.
Je prétends que la mienne, en clartés peu sublime,
Même ne sache pas ce que c'est qu'une rime. »

Et sans avoir besoin de remonter jusqu'à lui, nous croyons qu'il a suffi des cinq ou six révolutions dont la France, cette tête de l'Europe, a été le théâtre, depuis quelque soixante ans, et des bouleversements politiques ou sociaux qui en ont été la conséquence fatale, pour faire comprendre à la femme que, si elle ne peut encore prendre sa place à côté de nous ni pour la discussion, ni pour la direction des affaires publiques, les plaisirs de l'intelligence, et le culte de la pensée, avaient cessé de lui être inaccessibles.

Aussi combien, depuis cinquante années, en avons-nous vu se mettre à l'œuvre, de ces êtres si délicats et si frêles en apparence qu'ils semblent ne tenir à la terre que par un seul côté, tandis que de l'autre ils n'ont pas cessé d'appartenir au monde des oiseaux et des anges ; et sans crainte d'altérer leur beauté, de flétrir les fleurs de leur jeunesse, de barbouiller d'encre leurs doigts roses et effilés, traduire en faits matériels les douces rêveries de leur esprit, et les graves pensées de leur intelligence. Une seule, du moins nous le pensions, qui pour cette *œuvre sans nom* jusque là avait cru devoir prendre un nom d'homme; une seule avait osé franchir le seuil redoutable de la discussion politique ou sociale, sans abandonner pour cela les grâces enchanteresses de la femme. Mais cet être, d'une nature privilégiée, était une femme rudement éprouvée à l'école de toutes les adversités morales; abreuvée de dégoûts de toute espèce; ayant passé, quoique bien jeune encore, par tous les désenchantements que peuvent faire connaître des attachements déçus, des amitiés trompées.

Un livre existait cependant, publié depuis quatre à cinq années déjà, qui devait nous faire connaître que la femme que, jusqu'ici, nous avions crue sans rivale, comme elle avait été sans modèle, soit pour le fonds, soit pour la forme, car il nous répugnerait de la mettre en parallèle sous aucun de ces points de vue avec madame de Stael, que cette femme ne tenait pas seule le sceptre de la pensée ni de l'expression. Le livre dont nous parlons est intitulé : *La Valachie moderne,* par madame la princesse Aurélie Ghika. Hélas ! nous l'avouons en toute humilité, nous avions jugé ce livre sur l'étiquette, et n'eussent été les graves événements dont les provinces Danubiennes, livrées au double protectorat de la Russie et de l'empire Ottoman, ont été la cause et le théâtre, nous l'aurions laissé bien tranquille sur les rayons du libraire, car nous le pensions l'œuvre de quelque nouvelle *Princesse Palatine* vieille et barbue, droite et raide comme un grenadier autrichien, à la pensée malséante, au style de corps-

de-garde. Enfin nous ouvrîmes ce livre et voici que,
dès les premières lignes, nous fûmes sous le charme
d'un enivrement ineffable; car, à travers les reflets
chatoyants d'un style qu'envieraient nos écrivains
prosateurs les plus élégants, et les plus profonds en
même temps, l'auteur nous apparut sous sa forme véritable, et nous comprîmes que Valaque par son mariage, elle est Française par sa naissance; qu'à la plus
haute aristocratie nobiliaire viennent s'unir chez elle
deux autres aristocraties, bien plus enviables et bien
plus précieuses à nos yeux, celles de la jeunesse et
de la beauté.

Née à Lectoure, département du Gers, madame la
princesse Aurélie Ghika est fille de M. le colonel
de Soubiran. Elle a épousé le prince Grégoire Ghika,
un des fils du prince Grégoire Ghika, hospodar de
Valachie, qui est descendu du trône en 1828. Issu
d'une famille originaire de l'Albanie, ce prince qui
s'est retiré devant l'envahissement de la Russie a
laissé des regrets durables parmi les esprits éclairés
de son pays. Gentilhomme instruit, initié de bonne
heure au progrès de la science et de l'industrie, il
porta dans la Valachie le fruit d'une longue expé-
rience et d'une haute raison. Il s'est appliqué à la doter des améliorations matérielles que réclamaient des
nécessités urgentes. C'est à lui que l'on doit le premier pavage des rues restées jusqu'alors un cloaque
impur de boue et d'immondices. Souverain juste et
droit, il fit preuve d'une grande sollicitude pour les
classes infimes de la société et se fit surtout remarquer par une grande intégrité, unie à un désintéres-

sement absolu, vertus d'autant plus respectables qu'elles se présentaient dans un pays où le gouvernement ne s'est longtemps révélé que par des faits de spoliation et de rapine.

Nous ne pourrions dire ce qui dans ce livre nous a le plus séduit, car à la mâle vigueur de la pensée, succèdent à chaque instant les molles et tendres inspirations d'une douce poésie. Cette double et précieuse qualité suffirait, et au delà, pour faire à l'auteur une place parmi ce que notre belle patrie compte de plus hautes illustrations soit comme philosophe moraliste, soit comme poëte, et cependant elle ne s'en est pas contentée. A côté des pensées philosophiques les plus justes et les plus profondes, se mêlent les vagues rêveries du poëte exilé, à qui tout ce qu'il rencontre vient retracer l'image de la patrie absente; à côté, dis-je, de ces suaves paroles exprimant si bien des regrets d'un charme indicible, viennent se grouper des aperçus d'une finesse et d'une causticité à désespérer la critique.

S'il faut en croire l'auteur, ce livre n'est rien qu'un essai, une description ethnographique et topographique de la Valachie moderne, son pays d'adoption. C'est en s'abstenant de toute discussion politique, nous dit madame la princesse Ghika, qu'elle espère nous faire connaître la Valachie moderne, pays qui, bien situé entre les Karpathes à l'ouest et le Danube à l'est, et se trouvant compris entre le 45ᵉ et le 46ᵉ degré de latitude nord, le 20ᵉ et le 26ᵉ de longitude occidentale, occupe tout simplement la plus belle position du monde civilisé, et nous est cependant moins connu, à nous autres qui savons tant de choses, que le Japon ou le Sahara.

Cette chaste modestie de l'auteur de la *Valachie moderne*, modestie d'autant plus honorable qu'elle est plus rare, ne doit pas cependant nous faire prendre le change. Car, si elle s'abstient, comme elle l'a promis, de toute discussion politique relativement au régime intérieur de la Valachie et à l'odieux protectorat qui l'écrase, elle ne se fait pas faute de dire sa façon de penser sur la politique générale, ou plutôt sur les nouvelles tendances sociales de l'Europe, et elle le fait avec la haute sagacité, la profonde raison du philosophe de Genève écrivant avec la plume de Châteaubriand ou de George Sand.

« Les idées de liberté créées par les philosophes, les rêveurs, » dit madame la princesse Ghika, « là comme un besoin de l'esprit, ici comme un élan du cœur, bien avant que les masses en aient senti le besoin, se développent et s'exaltent dans le calme jusqu'aux dernières limites. »

« Une révolution transforme le rêve en action; elle fait monter à la surface les passions, les ambitions, les appétits de ces ouvriers de l'idée qui, se trompant de matériaux, bâtissent une société avec des éléments de destruction. »

Et plus bas :

« Nous en sommes là : à ne plus savoir ce qu'il faut préférer de l'absolutisme d'un seul ou de la tyrannie ignorante du plus grand nombre ; se retrancher dans le passé impossible ou marcher vers l'avenir effrayant. »

« Nous sommes tous coupables du temps présent.

et si, comme je le crois, la triple aristocratie de naissance, de talent et de fortune est appelée au martyre dans toute l'Europe, nous mourrons par nos propres fautes, et en expiation. »

Puis voyez cette peinture, en trois lignes, des formes gouvernementales par lesquelles nous avons passé depuis cinquante années, et dites-nous si jamais vous avez vu quelque part une appréciation plus complète, plus saisissante, et plus vraie, d'un passé que nous semblons vouloir recommencer.

« L'empire a été un temps d'action, et comme une ère à part dans la marche des idées. Il ne se lie à rien, ne se rattache à rien. C'est une auréole de gloire entre un berceau et une tombe. La destinée d'un seul s'accomplissant dans le cadre du monde entier. »

« La restauration eut la forme religieuse sans la foi de l'antiquité, comme un habit du temps qui ne modifie pas celui qui le porte. »

« Le règne de Louis-Philippe élevé sur une usurpation, en dehors de tout droit, développa les instincts sensuels et grossiers, les appétits sordides; répandit dans toutes les classes des nécessités de bien-être tellement impérieuses qu'on leur sacrifia tout. »

« L'argent fut le dernier mot de cette société. Le talent, l'honneur, n'étaient qu'en raison de ce qu'ils rapportaient. »

« Le seul être méprisable fut le pauvre, la seule chose honteuse la misère. »

« Mais, le peuple, qui n'avait plus la foi religieuse, perdit la résignation, cette force des opprimés. Il eut comme le riche l'avidité des jouissances matérielles.

et ne voyant rien au-dessus de lui que cette nouvelle puissance il se mit à l'envier et à la haïr. »

« Les mots cachent en vain le sens des choses; ce n'est pas une guerre politique que celle d'aujourd'hui (1850). République ne veut plus dire gouvernement du peuple, mais bien possession et jouissance du peuple. »

« Tout occupés de la perfection de notre existence matérielle, nous n'avons rien fait pour l'esprit, pour le cœur, pour le côté vraiment divin de l'humanité. »

« Comment pourrions-nous espérer que le peuple ignorant, ou, qui pis est, empesté d'une demi science, qu'on lui verse comme un poison, serait meilleur que nous, et ne finirait pas, avec sa force agissante, par nous traduire en faits. »

Plus bas madame la princesse Ghika ajoute :

« C'est la loi des empires comme des individus, d'atteindre un certain développement et de mourir. Notre société est un corps agonisant qui ne vit plus que par la tête, et dont le cœur est mort. Le cœur, c'est la divinité dans l'homme, nous n'en avons plus. »

« Demander à celui qui ne possède rien le respect de la possession, l'amour du travail, quand ce travail est un labeur, et non la source des jouissances, c'est oublier que la vertu humaine s'appuie toujours sur l'égoïsme. »

« O ma patrie, j'ai pleuré sur toi! je t'aimais avec le cœur de l'exilé, et mes yeux, qui n'avaient vu que ta splendeur, se détournaient de tes ruines. Patrie aveugle qui se sert des bras de ses fils pour se déchirer le sein. »

Que de grâce, d'ailleurs, que de finesse, que de vigueur quelquefois, dans les aperçus! Écoutez plutôt :

« La bourgeoisie, qui avait été le sanctuaire des vertus privées, de l'honneur sans tache, au milieu des écarts de toutes les sociétés qui nous ont précédés, saisie tout d'un coup de vertige a pris son vol vers la grandeur. »

« Il n'y a plus de bourgeoisie, plus de classes mixtes, plus de conservateurs! Il y a des gens cramponnés avec désespoir à leur fortune que d'autres attaquent avec rage. »

« Ce que les révolutions ont de fâcheux c'est qu'elles sont presque toujours faites par des hommes qui n'ont rien à leur sacrifier, et ont tout à leur demander, ce qui les rend au moins suspects d'ambition ou d'égoïsme. »

« La peine de mort n'existe pas en Valachie. — C'est, avec la Toscane, le seul point de l'Europe où elle soit rejetée. — L'humanité, qui est la civilisation des peuples naturels, a tenu lieu de lumière extrême. »

« L'application de la peine de mort ressemble à une vengeance. L'homme n'a reçu d'aucun pouvoir divin le droit de se faire immuable et infaillible. Supprimez de la société les êtres dangereux, par la prison ou par le bagne, c'est une mesure de salubrité publique ; mais ne vous servez pas de la hache. »

« Le détail de vos exécutions est hideux comme un crime, et il a cela de mauvais qu'il paraît une expiation plus grande que l'homicide. Ce sang impur qui salit vos places, et attache à leur nom une renommée sinistre, est un magnétisme pour les cœurs de

tigre qui se font une volupté de la torture. Il apprend
à mourir, il fait de la mort le total à payer de tous les
crimes qu'on veut commettre. Il crée plus de scélérats
qu'il n'en arrête.

« Laissez le meurtrier dans le silence, dans la nuit
de la vie, avec le souvenir et l'image de son crime ;
isolez-le des hommes, parlez-lui de Dieu avec solennité, avec grandeur.

« Votre œuvre sera celle du législateur, vous aurez
puni, et Dieu peut-être sauvera une âme. »

Que de charme et de simplicité dans l'expression,
en même temps que d'élévation dans l'idée, que de
sûreté et de profondeur dans le jugement, alors que
l'auteur décrit l'aspect, les diverses localités de sa
nouvelle patrie, ou qu'elle raconte les impressions diverses qu'elles ont faites sur son imagination poétique !

« Tout étranger de distinction qui passe quelques
jours à Bukarest a visité la terre de Kolentina, ma-
jorat de mon mari, où la princesse Marie Ghika
passe l'été. »

« A une demi-lieue de la ville, au milieu d'une
plaine immense, la maison s'élève dans un massif de
verdure et semble vous apporter de loin comme une
promesse de repos. »

« Un lac bordé d'un jardin anglais dont les eaux lim-
pides font tourner la roue d'un moulin qui est caché
au milieu des arbres comme une décoration rustique,
précède la cour principale. Les aigles de la famille
déploient au-dessus de la porte d'entrée leurs ailes
qui semblent se reposer de tant d'années de puissance.
Les arbres, arrondis comme des orangers, entourent

la pelouse circulaire. Derrière vous la plaine brûlée ; autour de vous, les bosquets, les fleurs, les mille senteurs enivrantes de cet Éden ; devant vous, la maison à l'air seigneurial, et le balcon, du haut duquel on regarde arriver les voitures amies. »

« Les tourelles de l'église, où sont appendues, comme les trophées du passé, les queues que l'empire d'Orient donnait aux princes valaques. A droite de la maison, la cour de l'église, qui est solitaire et muette comme l'antichambre de la prière. Sous les saules penchés, les accacias en fleurs, le tombeau de pierre du prince Grégoire Ghika resté au milieu de sa famille comme pour la protéger. Le tombeau de l'homme de bien est un enseignement autant qu'une douleur, et c'est une impiété que d'en fuir la vue. L'athée seul a peur de la tombe. »

« Les glaces des serres miroitent au soleil comme des facettes de pierreries. Une salle à manger monumentale où les jets d'eau jouent au milieu des fleurs, dans une grotte pittoresque, leur sert de façade à travers le parterre en fleurs. »

« Ces fleurs merveilleuses dont on parle jusqu'à Constantinople et que l'on dirait écloses sous la main d'une fée, sont en effet l'ouvrage d'une fée. La princesse Marie Ghika, la veuve de l'hospodar Grégoire, est le génie créateur de ce royaume tranquille et beau ; c'est sa passion pour les fleurs qui a vaincu les difficultés de l'éloignement, la rigueur hiveraine du climat, et fait épanouir autour d'elle ce tapis luxuriant de la nature. Ce goût charmant est comme la révélation de l'esprit dont il émane. »

« Toute personne qui a reçu l'hospitalité de la princesse Marie en garde un éternel souvenir. Simple comme une véritable grande dame, plus affable que la politesse ne l'exige, on sent que son cœur se mêle, comme un parfum, à la manifestation de sa bienveillance. »

Avec quel langage touchant elle parle de la noble veuve du prince Grégoire Ghika, ancien hospodar de la Valachie, son beau-père ! Comme elle la juge avec amour ! comme elle fait bien ressortir toutes les qualités précieuses de la femme, que, d'après ce que nous dit madame la princesse Aurélie Ghika, sa belle-mère possède à un si haut degré et qui empêchent de vieillir cette douce et précieuse compagne que Dieu dans sa bonté a donnée à l'homme pour le soutenir dans ses adversités. Écoutez, en effet :

« La princesse Marie, qui fut une des plus belles personnes de son temps, n'a rien de la femme âgée que l'âge. Son teint est pur, ses yeux vifs, ses mains dignes de son rang. Elle a l'esprit si jeune, qu'avec elle les jeunes femmes se sentent à l'aise comme avec une compagne. La perception rapide de cet esprit tient du prodige ; il s'assimile les expressions, les usages et les subtilités du temps moderne comme siens. »

« Elle a le génie social à un point éminent. Elle ménage les amours-propres, réconcilie les rivalités et sert de centre aux opinions les plus diverses.

« Madame Récamier, dont l'esprit conciliant fut sans rival en Europe, peut donner l'idée de la princesse Marie. »

« Les étrangers se sentent bien chez elle, et ceux qui séjournent à Bucharest finissent par lui consacrer toutes leurs soirées. Elle a un salon, dans un pays où le salon n'a jamais existé. Si ma belle-mère avait vécu dans un siècle d'influence féminine, elle aurait dominé les événements les plus sérieux. »

« Les consuls de toutes les puissances se rencontrent chez elle sans se heurter, quelles que soient leurs dissidences. »

N'est-ce pas qu'à côté de l'esprit le plus élevé, du jugement le plus sûr, d'un style à faire le désespoir de tout ce qui a écrit, madame la princesse Aurélie Ghika, possède un noble cœur, une de ces âmes révélant ceux à qui sont départis de semblables trésors, dignes de l'admiration et des hommages de tous.

Il faut pourtant nous arrêter, quelque plaisir que nous éprouvions à transcrire ces pages charmantes où se révèle à chaque ligne le triple caractère du beau talent de madame la princesse Ghika. Puisse ce que nous avons dit, ou plutôt ce que nous avons extrait de son livre suffire à le faire connaître tout entier et à inspirer à tous le désir de le méditer ; car aux hommes politiques et aux économistes il donnera à réfléchir, aux poètes il rappellera incessamment les formes si touchantes d'Atala, de René, d'André ou de Lélio. Quant à nous, nous y avons trouvé de bien douces jouissances, et dans quelques jours nous le saurons par cœur, car nous nous proposons de le lire souvent.

Presque en même temps que ce livre, madame la princesse Aurélie Ghika lançait sur la mer orageuse

de la publicité quelques pages arrachées à un grand
ouvrage. Esquif frêle et dépourvu d'agrès en apparence, cet opuscule, qu'elle a intitulé le *Petit livre des
Femmes*, se distingue cependant par toutes les qualités précieuses d'invention, de disposition et de style
qui caractérisent la « Valachie moderne ; » mais il en
diffère entièrement au point de vue des recherches,
des observations auxquelles l'auteur a dû se livrer
avant de l'écrire. C'est en effet une étude de mœurs
que ce petit livre, étude dont l'objet, si intéressant
pour notre sexe, ne nous semblait digne d'attirer
que très-médiocrement les regards de l'autre; car ce
que madame la princesse Ghika a cru devoir prendre
pour texte de ses méditations, c'est ce labyrinthe
inextricable dont aucun Thésée n'a jamais parcouru
toutes les routes souterraines; c'est cet abîme sans
fond sur lequel le nocher le plus hardi ne jette qu'un
regard effrayé; c'est cette prairie sans limites dont
l'herbe verte et luxuriante cache souvent mille affreux
reptibles; c'est le cœur de la femme, trésor inépui-
sable d'amour et de dévouement chez les unes;
creuset où viennent se mêler toutes les mauvaises passions, tous les appétits cupides et grossiers; cloaque
impur et sordide que cachent à peine, chez les autres,
les tapis de mousse qui le couvrent, et les fleurs
embaumées qui le parsèment.

Aucun moraliste, soit ancien soit moderne, du
moins à ce que nos souvenirs nous disent, ne s'est
occupé de la femme avec ce tact si délicat et si fin
que madame la princesse Ghika apporte dans ses
appréciations, et cela se conçoit; car, il faut bien le

reconnaître, la fibre épaisse et grossière de l'homme ne lui permettra jamais d'atteindre à cette rapidité de regard qui fait tout embrasser d'un seul coup d'œil, à cette sensibilité exquise qui fait pénétrer l'observateur dans des milieux inaccessibles pour nous. A peine madame la princesse Aurélie Ghika entrait-elle dans la vie quand elle a écrit l'ouvrage d'où le *Petit livre des femmes* est extrait, et cependant c'est en philosophe mûri par la contemplation, bien plus encore que par les années, qu'elle en a trouvé les matériaux, qu'elle l'a bâti dans sa pensée, qu'elle lui a donné une forme matérielle, en le confiant au papier. Mais sa philosophie douce et tendre est celle d'Aristippe, et non les grognements hargneux des Diogène. Écoutez avec quelle force d'arguments, avec quelle austère chasteté, quelle haute raison elle revendique pour la femme une place égale à celle de l'homme, non dans l'État, mais dans la famille.

« La femme est toujours au-dessus ou au-dessous de l'homme, jamais à ses côtés. Dieu qui a fait l'amour pour que ces deux êtres se complétassent l'un par l'autre, n'a pu vouloir cette infériorité que ne compense pas l'exaltation des poëtes. Peut-être les hommes ne savent-ils pas aimer ce qu'ils oppriment ? Dans des conditions d'égalité, la femme serait peut-être moins adorée. Quoiqu'il en soit, c'est en même temps qu'un empiètement illégal de la force égoïste, une aberration religieuse. L'égalité est partout dans la nature. Seule, malgré le progrès et la générosité des idées, elle porte encore ce stigmate d'esclavage que la misère et la barbarie des premiers temps attachèrent à son front.

Qu'elle essaie de conquérir sa place, il n'y a pas assez d'insultes pour cette audace insensée, qui n'est, après tout, que de l'orgueil juste, de la dignité humaine. »

« Nous ne sommes pas de ceux qui demandent pour la femme les gloires du forum, les luttes de la vie publique. Nous croyons la célébrité ennemie du bonheur. Nous la voulons femme avant tout, amante et reine au foyer de la famille, par le partage des devoirs et des droits, et non, comme dans presque toutes les associations des deux sexes, ménagère ou courtisane, l'esprit ravalé à une sphère vulgaire, la beauté avilie dans l'abrutissement des sens. »

Qui donc a jamais mieux écrit, qui donc a traduit des pensées et plus justes, et plus nobles, dans un style plus élégant et plus pur.

Et ailleurs, avec quelle poésie suave, avec quels charmes enivrants elle présente la femme s'abritant derrière la foi religieuse contre les mille tentations qui viennent la chercher dans ces heures d'ennui que lui ont faites si nombreuses le despotisme déraisonnable, irréfléchi de notre sexe.

« Les plus heureuses ont passé par tant d'angoisses et de misères, que, sans l'idée religieuse qui les console d'être victimes, la société serait une cacophonie de crimes. On ne sait pas ce que l'oppression enfante de pensées monstrueuses. Dites-moi combien de fois ce flot qui passe et s'enroule au flot qui le précède s'est plongé dans les nuages de la mer, et je vous dirai combien d'idées contraires, de désirs effrayants ont agité la tête d'une femme en une heure d'ennui. L'ennui que leur incomplète éducation ne sait comment vaincre est le monstre à cent têtes qui dévorait les populations. »

L'espace nous manque, et quelque regret que nous en éprouvions, force nous est de borner à ces quelques lignes nos citations du *Petit livre des Femmes*, que nous eussions voulu faire beaucoup plus nombreuses et plus longues. Toutefois, mentionnons parmi les pages les plus saillantes de cet opuscule les portraits de la grisette: « *moitié oiseau et moitié chatte*, » comme le dit notre charmant auteur; de la femme du peuple qu'elle peint d'un seul trait, en disant: *c'est une enclume;* de la marchande, de la financière, de la femme pauvre, de la bourgeoise; celles où elle trace, avec la main ferme et hardie d'un statuaire antique, le caractère général de la femme, le parallèle entre la parisienne et la provinciale; ses aperçus si fins, si délicats sur l'amour; puis enfin ces pensées, les unes profondes, les autres d'une naïveté charmante, qu'elle intitule *Papiers épars.*

Deux ans s'étaient passés, et la muse de madame la princesse Aurélie Ghika s'emblait s'être endormie, car plus rien d'elle n'avait paru. Mais comme pour prendre une revanche éclatante de ce silence de deux années, pendant lequel son esprit s'était replié sur lui-même, ainsi qu'il le fait pour la gestation des grandes choses, et revendiquant cette fois, avec un noble orgueil, le titre de penseur que chacun des nombreux lecteurs de ses deux premiers ouvrages s'étaient plu à lui décerner, voici que tout à coup, madame la princesse Aurélie Ghika mit en lumière, sous le titre de *Lettres d'un penseur des bords du Danube,*

une série d'observations politiques, sociales, critiques, ethnographiques et morales, faites pour ainsi
dire en courant, au milieu des fatigues sans nombre
d'un voyage à travers l'Europe, dans cette période
si grave, au double point de vue de la politique et
de la civilisation, qui commençant au 22 février 1848
aboutit au 2 décembre 1851.

Bien plus encore que ses devancières, l'œuvre
nouvelle de madame la princesse Aurélie Ghika porte
cet inimitable cachet d'une âme où le rationalisme le
plus abstrait vient s'unir incessamment à la poésie la
plus relevée. C'est à son vieux père blanchi dans les
batailles d'une période immortelle ; c'est à de bons
amis que madame la princesse Aurélie Ghika adresse
les lettres qui composent ce livre ; c'est avec une simplicité naïve qu'elle veut leur parler, mais à chaque
instant, son esprit, habitué à planer sur la société
comme l'aigle au milieu des nuages ; son cœur, dont
les moindres émotions viennent faire vibrer les cordes
les plus délicates ; tout son être s'émeut à l'aspect des
choses, grandes ou petites, qui se passent devant elle,
des sites qui frappent ses regards, des souvenirs qui
peuplent son âme ; et c'est avec toutes les splendeurs
d'un style dont aucune femme n'avait donné le modèle, qu'elle raconte au père, à l'ami, ses impressions,
ses rêveries, ou ses souvenirs. Écoutez avec quelle
pompe suave, avec quelle grave et poétique austérité
elle rappelle à son noble père les mille souffrances
que l'amour de la patrie apporte incessamment au
cœur de l'exilé.

« Toi qui as traversé les difficultés de l'émigration,

suivi nos armées victorieuses sur presque tous les champs de bataille, porté ta pierre à l'édifice durable de l'indépendance de l'Amérique avec Lafayette, et toute cette noblesse grisée de liberté ; laissé de ta vie, de ton âme, de ton esprit sous toutes les latitudes où il y avait à voir, à apprendre et à sentir ; peux-tu me dire comment tu as résisté à cet indomptable amour qui te ramenait sans cesse vers cette patrie obscure où ton génie restait sans emploi, et d'où te chassait bientôt l'écrasante fatigue de l'immobilité dans la force ? Supplice des grandes âmes, dont Hudson Lowe a été le tourmenteur ! »

Et quand elle a demandé au vieux soldat comment il a supporté ces misères d'un glorieux exil dans tous les lieux du monde où les armes de la France ont pénétré depuis quatre-vingts années, voici que la jeune femme se reporte par la pensée vers cette Gascogne où se sont écoulées, calmes et pures, les premières années de sa vie.

« J'ai vu des climats délicieux, le ciel splendide de l'Orient rayonne habituellement sur ma tête. Eh bien ! je préfère à tout cette petite ville perdue au fond de la Gascogne, qui regarde les têtes blanchies des Pyrénées sortir des nuages comme un mirage radieux.

. . . .

« Lectoure ! tu sais que ce nom ignoré est composé pour moi de syllabes ineffables, et que mille harmonies charmantes s'éveillent dans mon âme quand mes lèvres le prononcent. »

Nous avons lu, nous avons médité bien souvent les philosophes les plus éclairés, les historiens les plus sages, les prosateurs les plus illustres, et jamais, nous n'hésitons pas à le dire, nous n'avons trouvé chez aucun d'eux des réflexions plus vraies, des tableaux plus saisissants, des images aux couleurs plus naturelles, des pompes de style plus élégantes et plus riches que dans les trois livres sortis jusqu'aujourd'hui de la plume de madame la princesse Aurélie Ghika. Toutefois, obscur et ignoré comme nous le sommes, nous n'avons pas qualité, nous nous empressons de le reconnaître, pour dire la place que l'avenir lui réserve parmi les grands penseurs, les écrivains éminents dont s'honore notre belle patrie. Venez donc à notre aide Bossuet, Jean-Jacques Rousseau, Buffon, Châteaubriand, Lamartine, George Sand, Victor Hugo ! relisez, avec nous, cette page extraite des lettres d'un penseur des bords du Danube :

« Vous étiez de rudes travailleurs, vous nous avez légué une odyssée qui fait pâlir toute histoire. Vos mères vous avaient enfantés dans les angoisses de ces heures qui marquent en rouge le cadran d'un siècle ; vous aviez puisé dans leur sein cette ardeur nerveuse qui ajoute l'enthousiasme à la virilité. Vous courûtes l'Europe, et le monde, dans un cercle de feu, comptant à peine comme des atômes pour le sublime égoïsme de ce géant qui dresse sa figure de bronze au-dessus des tumulus de vos ossements épars sur tous les coins de la terre. Vous le suiviez sans le comprendre, par une électricité de grandeur, comme l'orage suit l'éclair. »

Et dites-nous ce que la postérité doit penser de l'écrivain qui l'a produite.   FRANCIS ROCH.

BARRY

JOHN DAVIS

ESQUIRE.

ANCIEN ADMINISTRATEUR DU CHEMIN DE FER DE PARIS
A ORLÉANS ET A BORDEAUX, ETC.

A un loup de naturel issant d'une tour crénelée, et maçonnée de sable.
Devise : BOUTEZ EN AVANT.

OUTEZ EN AVANT! Ce cri de guerre des chevaliers du moyen âge, alors que, sortis de la Normandie, de la Picardie et du Hainaut, à la voix de Guillaume le Bâtard, ils marchaient, sous sa conduite, à la conquête de la Grande-Bretagne ; ce cri de guerre s'est converti pour l'homme honorable dont nous allons esquisser la vie en une devise de paix et d'émancipation. *Boutez en avant* pour répandre, à pleines mains, les trésors de la

science sur les campagnes déshéritées des bienfaits
de l'ordre social; comblez les précipices; jetez hardi-
ment des ponts sur les abîmes; creusez le flanc des
montagnes; centuplez la puissance de traction; en
détruisant les obstacles, vous annulerez les distances,
et les populations, qu'un éloignement infranchissable
maintenait dans un état d'indifférence absolue,
sinon d'antipathie et de haine, les unes à l'égard des
autres, apprendront à se visiter, à se connaître, à
s'aimer, à se fournir mutuellement ce qui leur manque pour satisfaire aux besoins de leur nature sous
le triple point de vue de la sensibilité, de l'intelligence et de la morale, et les pauvres villageois, plus
abrutis peut-être, dans certaines localités, que les
compagnons ordinaires de leurs rudes travaux, s'ini-
tiant peu à peu à l'existence plus douce et plus intel-
ligente des grandes villes, renaîtront, pour ainsi dire,
à la vie et reprendront leur dignité d'hommes avec
la connaissance des devoirs que cette dignité leur
impose, et des droits qu'elle leur assure.

Concevoir de telles pensées, se proposer un tel
but, atteindre un tel résultat, c'est, nous semble-
t-il, marquer d'avance sa place dans le souvenir et
dans la reconnaissance des populations futures; c'est
acquérir de son vivant non-seulement la réputation
qui s'attache à un homme célèbre, mais encore,
ce qui est bien plus précieux à nos yeux, celle qui
suit un homme utile à ses contemporains et à la
postérité.

Heureux celui à qui la naissance, l'intelligence ou
la fortune donne la force nécessaire pour entre-

prendre cette voie et pour la parcourir tout entière!
Plus heureux encore celui qui peut y entrer armé de
la triple puissance que lui donnent, à la fois, le rang
social, l'intelligence et la fortune!

C'est sous cette triple égide que s'est présenté dans
la route celui dont nous allons dire les travaux. C'est
elle qui lui a permis de franchir tous les obstacles;
de vaincre toutes les difficultés; et d'accomplir, jusqu'au bout, la noble mission qu'il s'était imposée.

D'origine française, M. John David BARRY esquire
est né dans la Grande-Bretagne, d'une noble et ancienne famille de Normandie.

A peine avait-il terminé d'excellentes études qu'il
résolut de faire de son immense fortune l'emploi le
plus utile non-seulement à lui-même ou à ses
compatriotes, mais aussi à ses contemporains et à la
postérité.

Dans ce but, et après avoir pris part, dans la
Grande-Bretagne, à plusieurs opérations financières
de la plus haute importance, il vint se fixer à Paris,
et, le premier des capitalistes anglais, nous apporta,
pour l'établissement des divers chemins de fer qui
sillonnent aujourd'hui notre belle patrie, l'utile
secours d'une intelligence peu ordinaire, d'une activité sans bornes, de ressources financières on ne
peut plus enviables.

Il contribua surtout dans une très-large proportion
à former la compagnie qui obtint la concession de la
ligne de Paris à Orléans avec embranchements.

Après avoir donné à cette compagnie une irrésistible impulsion, à la confection des travaux, à

l'établissement de la voie ferrée, à l'organisation du service, des soins de chaque jour et de chaque heure, il voulut faire pour la Belgique ce qu'il venait de faire pour la France, et il eut l'honneur d'être, parmi les représentants de l'industrie privée, le premier à qui le gouvernement belge concéda l'établissement d'un chemin de fer.

Plus tard encore, il partit pour la péninsule hispanique, tombée si bas sous le rapport de l'industrie depuis la découverte de l'Amérique, dans le dessein de fournir à ce pays les seuls moyens de reprendre un peu de sa splendeur passée.

Ce qui fait défaut à l'Espagne et au Portugal, ce n'est, chacun le sait, ni la fertilité du sol, ni les richesses minérales qu'il cache à tous les yeux et qu'il faut chercher avec soin, ni l'intelligence, ni même l'activité de leurs habitants; et créer des moyens de transport faciles, des voies de communication rapides et peu coûteuses suffisait pour galvaniser, en quelque sorte, ce cadavre, aujourd'hui dédaigné par l'industrie, et pour le rappeler à cette vie luxuriante dont il vécut du huitième au seizième siècle, période magnifique pour lui, dont la splendeur est à peine oubliée et pendant laquelle, couvrant les mers de ses flottes, répandant sur toute l'Europe les trésors de son industrie et de son active intelligence, il tenait le premier rang parmi les peuples les plus avancés en civilisation.

M. Barry voulait doter l'Espagne et le Portugal des voies ferrées adoptées par les principaux États de l'Europe. Il ne négligea rien pour mener à bien cette pensée généreuse; mais des circonstances qu'il ne nous appartient pas de discuter en ce moment, et qui furent plus fortes que sa persévérante volonté, ne lui laissèrent pas la possibilité de réussir dans cette louable entreprise.

Propriétaire en France depuis 1840, il habitait Paris au moment où éclata la révolution de février 1848. Toutefois, il crut que sa qualité d'étranger lui imposait l'obligation rigoureuse de ne prendre aucune part au mouvement politique qui se produisit alors; mais il n'en était pas de même à l'égard de la crise financière qui menaçait la France depuis deux années, et dont l'avènement de la république ne fit que hâter l'explosion.

Approuvant de toutes ses forces, et le proclamant à haute voix devant tous ceux qui voulaient l'entendre, la résolution que prit le citoyen ministre des finances d'augmenter de quarante-cinq pour cent les ressources du budget des recettes pour 1848 au moyen de la contribution devenue bientôt impopulaire sous le nom d'impôt des quarante-cinq centimes, M. Barry se rendit au ministère, et adressa de vives félicitations au fonctionnaire éminent qui n'avait pas craint de prendre sous sa responsabilité personnelle tout ce que cette utile mesure pouvait avoir d'odieux, du moins en apparence.

Ainsi que le ministre, l'honorable capitaliste anglais avait compris que cet impôt devait tomber presque exclusivement à la charge de la population opulente et oisive, tandis que le travailleur et le citoyen vivant au jour le jour, ou, du moins, n'ayant pas d'autres ressources que celles qu'il puisait dans son travail quotidien, en seraient exemptés. Il n'en fut malheureusement point ainsi, et l'on sait que ce malencontreux impôt fut impitoyablement exigé du prolétaire comme du propriétaire, malgré les recommandations précises et réitérées tant du ministre que des fonctionnaires supérieurs de l'administration des finances.

Placé par le choix des actionnaires au nombre des administrateurs du chemin de fer de Paris à Orléans avec embranchements, dès la formation de la compagnie, M. Barry n'avait pas cessé un seul instant de diriger avec un amour sans limites, avec un dévouement absolu, et qui ne s'est jamais démenti, cette compagnie, soit pour ce qui concerne l'administration intérieure, soit pour l'exploitation, et tout ce qui s'y rattache, quand la fusion de la compagnie du chemin de fer d'Orléans à Bordeaux avec celle du chemin de fer de Paris à Orléans, avec embranchements, est venue le rendre sinon au repos, du moins à une vie plus paisible, et moins active.

A. VINCENT

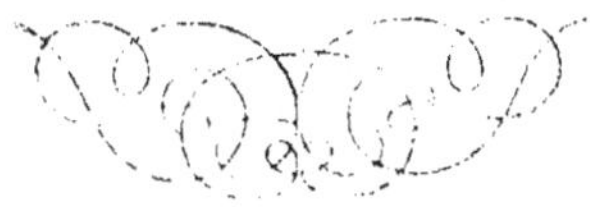

DE SAINT-ALBIN

(MARIE-PHILIBERT-HORTENSIUS-ROUSSELIN)

ANCIEN AVOCAT,
PUIS JUGE AU TRIBUNAL DE PREMIÈRE INSTANCE DE LA SEINE,
CONSEILLER EN LA COUR IMPÉRIALE DE PARIS,
MEMBRE DU CONSEIL GÉNÉRAL DE LA SARTHE, ANCIEN REPRÉSENTANT DE CE DÉPARTEMENT
A LA CHAMBRE DES DÉPUTÉS ET A L'ASSEMBLÉE CONSTITUANTE,
MEMBRE DE PLUSIEURS SOCIÉTÉS HISTORIQUES OU LITTÉRAIRES,
CHEVALIER DE LA LÉGION-D'HONNEUR.

ILS aîné de feu M. Rousselin Corbeau de Saint-Albin, qui, revenu à Paris après avoir exercé des fonctions importantes dans les départements, aux jours les plus orageux de la révolution de 1792, fut, après la restauration, un des fondateurs principaux du *Journal du Commerce*, dont le titre devint plus tard le *Constitutionnel*, M. MARIE-PHILIBERT-HORTENSIUS ROUSSELIN DE SAINT-ALBIN naquit à Lyon (Rhône), le 20 décembre 1805. Il suivit avec succès les cours de l'école de droit de Paris, et, admis de bonne heure au grade de licencié, il se fit inscrire au tableau de l'ordre des avocats près la cour royale de Paris.

Il suivait l'audience comme stagiaire, quand un jour, et à l'occasion d'un procès intenté par le *Constitutionnel* à *la Quotidienne*, qui l'avait accusé de malversation dans l'emploi de fonds provenant de la souscription ouverte au profit des enfants du général Foy, l'avocat du journal légitimiste, s'amusant à faire passer sous les yeux du tribunal le portrait peu flatté des propriétaires du *Constitutionnel*, fut tout à coup interrompu par un jeune homme siégeant au barreau en robe d'avocat, qui se lève et lui dit : « C'est à mon père, monsieur, que sans doute vous allez maintenant arriver! » Après un moment de silence donné à l'étonnement : « J'ai entendu la voix d'un fils, je me tais, répondit l'avocat plaidant. — Non, monsieur, reprit M. Hortensius de Saint-Albin (car c'était lui), vous ne devez pas, vous ne pouvez pas vous taire; je refuse votre bonté; je ne veux pas me placer sous la protection de votre silence. Parlez, parlez! Mais je prétends vous répondre. » Le président rappelle à l'ordre l'avocat stagiaire; puis, en présence du tumulte suscité par cette altercation et qui grandissait à chaque instant, il remet la cause à huitaine, lève l'audience et mande M. de Saint-Albin dans son cabinet. « Jeune homme, lui dit-il en l'embrassant, et les larmes aux yeux, j'ai dû vous rappeler à l'ordre; mais je voudrais avoir un fils tel que vous. »

Plus tard M. de Saint-Albin accompagnait avec respect jusqu'au cimetière la dépouille mortelle de l'ex-directeur Barras et laissait tomber sur le cercueil qui allait disparaître pour toujours quelques paroles d'adieu.

Juge suppléant au tribunal de première instance de la Seine peu de temps après la révolution de juillet 1830, il traversait la salle des Pas-Perdus, pour se rendre à son poste, le 14 février 1831, quand, dans l'effervescence de sa colère, l'émeute, qui depuis la veille agitait Paris, s'y présenta pour arracher de son piédestal la statue du défenseur du roi Louis XVI. Le jeune magistrat alla se placer devant la statue, et

dominant la foule de la voix et du geste, il fit observer
à ces modernes iconoclastes que cette statue ne pouvait rappeler au peuple autre chose que le souvenir
d'un beau dévouement, car c'en est un de défendre
un accusé, fût-ce un roi parjure et traître, quand
tout le monde l'abandonne : « Et c'est Malesherbes,
l'ami du peuple, que vous attaquez, dit-il en terminant, c'est le type de l'honneur et de la vertu!....
Malesherbes doit être sacré pour vous!... » La simple
mais énergique allocution du jeune tribun réussit, et
la statue fut respectée.

Cette courageuse et noble initiative ne resta point
sans récompense. Sur la proposition de Casimir Pé-
rier, M. de Saint-Albin fut créé chevalier de la Légion-
d'honneur quelques mois plus tard.

Membre du conseil général de la Sarthe depuis
1833 et nommé juge au tribunal civil de la Seine
en 1837, il se présenta dans le courant de cette dernière année aux suffrages des électeurs du collége de
Beaumont (Sarthe) pour le mandat de député. Cet
appel fut entendu.

Le nouvel élu alla prendre place dans les rangs de
la gauche, dont, constamment réélu, il n'avait cessé
de servir les vues par sa parole et par ses votes
quand éclata la révolution du 24 février 1848.

Le gouvernement provisoire lui donna un siége de
conseiller en la cour d'appel de Paris, et aux élections
générales pour l'assemblée constituante — 23 avril
1848 — 87.144 voix du département de la Sarthe,
qu'il représentait depuis onze années à la chambre
des députés, lui conférèrent le mandat de représentant

du peuple, en le faisant passer quatrième d'une liste de douze élus.

M. de Saint-Albin, qui à la chambre des députés avait pris la parole dans les discussions les plus importantes, notamment sur la réforme électorale, le Code d'instruction criminelle, les fonds secrets, les conditions d'admissibilité et d'avancement dans les fonctions publiques, a voté à l'assemblée nationale :

Pour : le bannissement perpétuel de la famille d'Orléans, la loi sur les attroupements, le décret sur les clubs, l'amendement Pascal-Duprat prononçant l'abolition du cautionnement des journaux et la responsabilité de l'écrivain, l'autorisation de poursuivre Caussidière à l'occasion des événements du 15 mai 1848, le rétablissement de la contrainte par corps, le maintien de l'état de siége à Paris pendant la discussion et le vote sur les articles et sur l'ensemble de la constitution, la proportionnalité de l'impôt, le décret portant : *Le général Cavaignac a bien mérité de la patrie*, l'ordre du jour dans la discussion relative à l'expédition à Civita-Vecchia, l'énumération des lois organiques, la loi relative au chemin de fer de Marseille à Avignon, l'ordre du jour Oudinot dans la discussion relative aux événements du 29 janvier 1849, l'augmentation de 50,000 francs par mois sur le traitement du président de la république, l'interdiction des clubs, etc., etc.

Contre : l'autorisation de poursuivre Louis Blanc à l'occasion du 15 mai et Caussidière pour les journées de juin 1848, la réduction du nombre des heures

composant la journée de travail, l'abolition de la
peine de mort, l'établissement de deux chambres
législatives, l'incompatibilité des fonctions, l'amendement Grévy tendant à faire nommer le Président
de la République par l'assemblée, les bons hypothécaires et le crédit foncier, l'abolition du remplacement militaire, la sanction de la constitution par le
peuple, le droit au travail, la suppression et la réduction de l'impôt sur le sel, le renvoi dans les bu-
reaux de la proposition de mettre les ministres en
accusation, la proposition d'une amnistie générale,
celle d'une enquête sur la cause des événements du
29 janvier 1849, la suppression de 50,000 francs
sur le traitement du général commandant la première division militaire et la garde nationale parisienne, l'amnistie aux transportés, la proposition
de mettre en accusation le Président de la République et ses ministres, la mise en liberté des transportés, etc., etc.

Absent au moment du vote sur l'ordre du jour
repoussant la proposition Proudhon tendant à la re-
tenue d'un tiers par les débiteurs de toutes créances,
il écrivit au *Moniteur* qu'il s'associait à la majorité
contre les doctrines des prétendus socialistes.

En présence de l'incompatibilité établie par la loi
électorale entre les fonctions de représentant du
peuple et celles de magistrat de l'ordre judiciaire, il
ne se représenta point aux suffrages des électeurs
pour l'assemblée législative. Et rentré désormais dans
la vie privée, il s'est exclusivement consacré depuis
lors à l'exercice de ses devoirs de conseiller en la

cour d'appel de Paris et de membre du conseil général de la Sarthe, dont il n'a pas cessé de faire partie depuis 1833.

M. de Saint-Albin a toujours aimé et cultivé les lettres, qui ont été pour lui comme un délassement assuré au milieu de ses importantes occupations.

Il a publié un travail remarquable sur l'histoire intérieure de la Pologne en 1770 sous le titre de : *Histoire de Sulkowski*; un opuscule intitulé : *Logique judiciaire*, qui a eu plusieurs éditions; celle de 1844 renferme la *Logique de la conscience*; ce dernier morceau a été approuvé par Laromiguière et a fait l'objet d'un rapport spécial présenté à l'Académie des sciences morales et politiques par M. Barthélemy-Saint-Hilaire; plusieurs morceaux d'analyse sur des questions de droit; quelques articles importants, qui ont trouvé place dans divers recueils, entre autres dans le *Dictionnaire politique*; grand nombre de pièces de vers, historiettes, apologues, etc., lus, tant en séance publique qu'en séance particulière, à la *Société philotechnique*, dont M. de Saint-Albin est un des membres les plus assidus; des poésies lyriques, dont les morceaux les plus importants ont été mis en musique par Blangini, Romagnesi, M. Panseron, etc.; une *Ode sur le voyage de Lafayette aux États-Unis en 1824*, lue dans une réunion d'électeurs de la Seine en 1828; une cantate intitulée : *Lafayette à Paris*, exécutée et applaudie sur plusieurs de nos grands théâtres.

A. VINCENT.

COLLENNE

(JOSEPH-DÉSIRÉ)

AVOCAT A ÉPINAL
ANCIEN MAIRE DE CETTE VILLE
ANCIEN CONSEILLER DE PRÉFECTURE DU DÉPARTEMENT DES VOSGES.

ÉRITIERS des Galilée, des Colomb, des Franklin, des Watt, des Fulton, des Jenner, vous tous qui, mûs par une seule pensée, animés d'un seul désir, celui de l'émancipation et par conséquent du bonheur de l'humanité, consacrez toutes vos veilles à chercher les moyens de soulager ses misères, ou morales, ou physiques; de lui procurer des forces nouvelles; d'agrandir le cercle de son intelligence; à rendre plus certaine, et plus vraie, cette supériorité qu'elle s'arroge sur les autres animaux, abandonneriez-vous la noble voie où vous vous êtes engagés, parce que, ainsi que les grands hommes qui vous ont précédés dans la carrière, vous n'obtiendriez de vos contemporains pour prix de vos recherches studieuses que le hausse-

ment d'épaules de l'indifférence ou de l'incrédulité,
le sarcasme de la sottise, la haine et les fureurs de
l'envie ? Non. Forts de vos intentions, sensibles à cette
voix qui crie à votre oreille : « voilà ta route, » vous
marcheriez d'un pas ferme et hardi vers des conquêtes nouvelles, conquêtes qui ne feront jamais
couler d'autres larmes que celles de la reconnaissance et de l'admiration et, comme l'illustre Florentin
sottement condamné, par l'inquisition de Rome, à
nier lui-même son admirable découverte, vous vous
diriez : qu'importent les injures, les persécutions
de mes concitoyens, leur colère ou leur indifférence.
Ce que j'annonce n'est pas moins la vérité. A force
de tourments et de supplices ils me font tomber à
genoux et demander à Dieu pardon de mes erreurs.
Ils me font dire que la terre est immobile, *e pur si
muove*.

Si nous voulions jeter un regard attentif sur nos
belles provinces, combien n'en trouverions nous pas
de ces hommes devant qui toutes les portes menant
aux honneurs sont restées obstinément fermées, soit
parceque l'envie leur en a barré le chemin, soit par
ce qu'ils ne se sont pas donné la peine d'y frapper,
et dont cependant la postérité saluera la mémoire
de ses plus enthousiastes acclamations.

Pour nous, qui avons accepté la tâche, quelquefois
glorieuse, souvent pénible, de dire à nos contemporains, en lui montrant certaines individualités
illustres ou inconnues : voilà l'homme que vous devez
honorer ! Voilà celui que vous devez flétrir ! c'est
toujours avec bonheur que nous prenons la plume,

quand nous n'avons à raconter que des actions gé-
néreuses, que des travaux utiles, qu'à montrer
combien de mérites se cachent souvent sous l'ex-
térieur le plus simple ; que de science profonde va
s'abriter quelquefois, au risque de s'y enfouir, sous
le manteau d'un citoyen modeste, qui, tout entier à
ses travaux, reste indifférent et froid à ce qui se passe
autour de lui. C'est la vie d'un de ces hommes
que nous allons raconter aujourd'hui. Chacun de-
vra reconnaître, quand il l'aura lue, qu'à plus de
connaissances, plus de science véritable, il est
impossible d'unir plus de modestie vraie, plus de
sincère abnégation pour soi-même.

Né le 27 mars 1801 à Raon-aux-Bois, près Remire-
mont, département des Vosges, M. Joseph-Désiré
COLLENNE, est fils d'un homme des plus honorables
et des plus estimés dans le pays qui, après avoir
exercé les fonctions d'administrateur de son département dans la période difficile de 1790 à 1792, est
mort, en 1812, maire de sa commune depuis fort
longtemps. Cinquante années bientôt se sont passées
depuis qu'il a cessé de vivre, et sa mémoire est encore vénérée dans la commune comme aux premiers
jours de sa perte.

M. Joseph-Désiré Collenne avait onze ans, au plus,
lorsque mourut cet homme respectable. Sa mère alla
se fixer à Épinal, afin de surveiller de plus près
l'éducation, on ne peut plus libérale, qu'elle voulait
faire donner à ses fils.

Placé au collège de cette ville, le jeune Joseph-
Désiré s'y fit bientôt remarquer par une aptitude peu

ordinaire pour les lettres, et surtout pour les sciences mathématiques. Chaque année, sa mère avait le bonheur de le voir revenir à elle chargé de prix et de couronnes. En arithmétique il obtint de tels succès que son professeur, ne pouvant suffire à une classe fort nombreuse, la distribua en deux divisions et lui confia la direction et l'enseignement de la seconde. L'élève-professeur avait à peine dix-sept ans. A la fin de l'année ses condisciples lui décernèrent le prix d'excellence à l'unanimité.

En 1820, il alla faire sa philosophie à Strasbourg, puis il y commença de sérieuses études de droit qu'il vint terminer à Paris. Licencié en 1824, il fut admis au stage, après avoir prêté le serment d'avocat à la Cour royale de Paris, le 24 avril de cette dernière année, et il alla exercer à Épinal la glorieuse mais bien rude profession qu'il venait d'embrasser.

Deux ans plus tard, des ouvertures lui furent faites sur la question de savoir s'il entrerait avec plaisir au conseil de préfecture de son département. Après de graves hésitations, et en présence des avances empressées de l'autorité, avances que, du reste, il n'avait ni briguées ni recherchées, il répondit affirmativement, et fut nommé conseiller de préfecture du département des Vosges, par ordonnance royale en date du 5 janvier 1828.

Le préfet alors en exercice dans les Vosges s'était opposé de toutes ses forces et de tout son pouvoir à cette nomination, dans le désir de la faire passer sur un candidat de son choix. Il savait que le nouveau conseiller n'ignorait point cette particularité. Ce fut

donc avec un déplaisir que, du reste, il s'efforça de
dissimuler qu'il le vit entrer au conseil de préfecture.

Homme d'ordre et de régularité avant tout,
M. Collenne, en acceptant des fonctions où l'appelait
une main invisible jusque là, avait pris la ferme résolution de les exercer avec l'intégrité la plus scrupuleuse, l'indépendance la plus absolue. Chargé de
traiter les affaires contentieuses, dès son entrée au
conseil, il y trouva bientôt l'occasion de constater
dans cette branche du service, comme dans toutes
les autres, de graves abus dont il s'empressa de demander la réparation. Elle lui fut immédiatement ac-
cordée, mais non sans regrets et sans rancune. En
effet, M. Collenne, en agissant comme il l'avait fait,
avait froissé quelques susceptibilités, bravé quelques
préjugés invétérés. Un orage se formait sur sa tête,
lorsqu'après l'annulation des élections faites dans le
département des Vosges, annulation motivée sur le
grand nombre de faux électeurs dont les listes étaient
entachées, le Préfet fut révoqué de ses fonctions.

Le magistrat appelé à lui succéder fit d'abord concevoir à M. Collenne les plus brillantes espérances
pour la régularité et la prospérité des affaires du département. Mais dans les diverses questions soumises
à l'examen du conseil de préfecture, sans cesse d'un
avis opposé à celui du préfet, M. Collenne eut le
malheur d'avoir toujours raison, et de voir bientôt
l'opinion qu'il avait émise et défendue, dans le conseil,
sanctionnée soit par l'autorité administrative supérieure, soit par les tribunaux y compris le Conseil

d'État et la Cour de cassation. Il en fut surtout ainsi en matière de confection et de révision des listes électorales, de recrutement, d'administration inférieure, de maniement de deniers publics, de roulage, de voirie, de vente des domaines et des bois de l'État, de contributions directes ou indirectes, d'affouages, etc. (1)

Appelé à d'autres fonctions par le ministère Polignac, ce préfet fut chargé de nouveau d'administrer le département des Vosges après la révolution de juillet 1830. A peine de retour dans ce département, et dès le 15 août, il informa purement et simplement M. Collenne que par ordonnance du 10 de ce mois, c'est-à-dire dès le lendemain de son accession au trône, le roi Louis-Philippe avait pourvu au remplacement de ce conseiller pour la préfecture du département des Vosges.

Cette destitution brutale, au moment où l'on allait essayer d'écarter des diverses administrations les partisans, quand même, de la monarchie restaurée, et dont le préfet semblait avoir fait la condition *sine qua non* de son retour dans les Vosges, quoi donc avait pu la motiver? Entré fort jeune au conseil de préfecture, et depuis moins de trois années, M. Collenne y avait rendu des services nombreux, réels, incontestables; de ces services dont le moindre serait un titre à la confiance, à la reconnaissance d'un gouvernement éclairé; de ces services qui, dans d'autres

(1) On nomma affouages un droit que possèdent les communes voisines des forêts de l'État d'y prendre le bois nécessaire au chauffage de leurs habitants.

circonstances, lui auraient valu la croix de chevalier de la Légion d'honneur. Il était impossible d'en chercher et d'en trouver l'explication autre part que dans cette haine sans merci qui, dès ses premiers échecs contre le jeune conseiller, était venue mordre au cœur le premier magistrat administratif du département des Vosges. Car enfin, en dehors du double serment qu'il avait dû lui faire, d'abord comme avocat, puis comme conseiller de préfecture, M. Collenne ne trouvait aucune sympathie dans son cœur pour le gouvernement déchu. Ses opinions politiques, sa manière de voir sur les actes de la Restauration n'étaient un mystère pour personne. Écoutons, en effet ce qu'il en disait lui-même en avril 1833, à un moment où il n'était peut-être pas sans danger de se déclarer hautement impérialiste, et dans un mémoire écrit pour protester contre sa destitution.

« Né dans le département des Vosges, sous un gouvernement qui, par sa force et la sagesse de ses lois, mit fin aux orages révolutionnaires, j'ai été témoin, dans mon enfance, de la gloire de l'Empire. Sans doute, ma faible intelligence ne pouvait comprendre toute la grandeur du nom français, toute la puissance de notre nation à cette époque mémorable. Je ne pouvais me faire une idée de la supériorité gigantesque que nos armes et nos vertus guerrières nous avaient données sur les autres peuples ; mais mon jeune cœur tressaillait d'allégresse à la nouvelle de chaque trophée de gloire qui venait se réunir à tant d'autres dont l'éclat prodigieux faisait de nous le premier peuple du monde.

« L'âge me fit mieux sentir toute l'horreur des désastres qui suivirent tant de victoires, tout l'abîme où notre malheureuse nation fut plongée par les peuples qu'elle avait tant de fois vaincus. Quelle fut mon indignation surtout, lorsque ces peuples, dont les armées souillaient le sol sacré de notre patrie, ne se contentant point de nous réduire par leurs armes, nous abreuvèrent d'humiliations, jusqu'à nous faire quitter nos aigles et nos drapeaux, ces signes majestueux de notre liberté et de notre gloire, pour les remplacer par les vieux emblèmes d'une dynastie qu'ils nous imposèrent et dont jamais je n'avais entendu parler. Mon indignation fut plus grande encore lorsque le nouveau chef qui nous fut donné, prétendant que, depuis longues années, il était notre roi absolu, en se fondant sur le principe d'une légitimité ridicule, et ne tenant aucun compte des différents gouvernements qui nous avaient régis, pendant qu'il conspirait sur le sol étranger contre la France, osait dater ses actes de la dix-neuvième année de son règne, et nous octroyer des libertés que nos pères avaient conquises au prix de leur sang, et qui nous appartenaient à jamais.

« Lorsque j'apercevais de nobles débris de cette ancienne armée qui, par ses exploits inouis, avait rempli l'Europe d'admiration, non, me disais-je, ce n'est qu'en frémissant que ces soldats abandonneront les aigles qui, tant de fois, les ont conduits à la victoire. Il restera au fond de leurs cœurs un dépit et en même temps un désir de vengeance qui ne tarderont pas à se manifester.

« Bientôt une occasion éclatante vint remplir ce désir de notre vieille armée. Le héros qui, tant de fois, l'avait conduite à la victoire reparut sur le sol de la patrie. Sa marche vers la capitale ne fut qu'une suite non interrompue de prodiges. Cette marche triomphale, que le sang ne souilla point, formera la plus belle page de son histoire. Avec quelle sollicitude je le voyais s'élancer dans l'intérieur de la France ! Avec quelle joie j'ornai ma tête de cette glorieuse cocarde tricolore dont le retour fut salué dans nos Vosges avec tant d'enthousiasme !

« Tel est le puissant ascendant du génie, que l'empereur Napoléon, à son retour en 1815, nous releva seul de l'abaissement où nous étions plongés. Nous pouvions reprendre le titre de grande nation ! J'étais, ainsi que mes compatriotes, redevenu fier de porter le nom de français.

« Mais ce temps glorieux fut de courte durée. Un horrible désastre revint jeter l'épouvante dans tous les cœurs. Les innombrables soldats de tous les peuples de l'Europe, acharnée contre nous, vinrent de nouveau fouler le sol de notre malheureuse patrie. Il fallut subir de nouveau le joug de leur occupation. La vieille dynastie qui, pour la seconde fois, avait quitté forcément le sol de la France, reparut derrière leurs baïonnettes et nous fut de rechef imposée. C'est alors que force fut de nous contraindre; tout élan national cessa chez nous, il fallut dévorer toutes ces humiliations.

« Cependant le joug que nous subissions alors fut tempéré par quelques libertés dont on nous laissa jouir, et par l'espérance d'en voir plus tard s'en agrandir le cercle. Il faut le reconnaître, malgré le vice de ce régime, malgré son origine honteuse pour notre nation, nous nous y serions peut-être façonnés, si, plus régulier dans son allure, il eût été franchement dirigé vers des institutions libérales, fortes, et empreintes d'un caractère de durée; mais les systèmes différents qui, tour à tour, prévalurent sous ce régime, mais les luttes continuelles que les amis des libertés publiques eurent à soutenir contre leurs ennemis, qui étaient alors ouvertement protégés, empêchèrent le gouvernement de gagner la confiance du pays. On pouvait dès lors prédire que sa chûte serait prochaine.

« Je me livrais à l'étude du droit dans la capitale, à l'époque où le célèbre orateur Manuel était membre de la Chambre des Députés. L'on sait que, dans son énergique franchise, il ne craignit point de parler à la tribune nationale de la répugnance des Français pour les Bourbons, à leur retour en France, et que ce mot lui valut d'être expulsé de la Chambre. Cette affaire produisit une grande agitation dans Paris; des rassemblements considérables avaient lieu autour du Palais-Bourbon. Un grand nombre d'individus furent arrêtés; je fus victime de l'arbitraire avec lequel on procédait à ces arrestations. Sans aucune provocation de ma part, mais voulant user du droit que j'avais de remplacer aux tribunes publiques de la Chambre une personne qui venait d'en sortir, deux agents de la police secrète me saisirent au collet et m'entraînèrent au corps-de-garde voisin, où je trouvai quinze personnes arrêtées; je fus conduit avec elles, au milieu de la nuit, à la préfecture de police, sous une escorte de la garde royale. Après avoir subi plusieurs interrogatoires, et m'être trouvé plusieurs fois entre les mains des gendarmes, ou d'autres agents de la force publique, on me rendit la liberté après quarante-huit heures de détention.

« Cette arrestation arbitraire n'était point de nature à me faire aimer le gouvernment qui nous régissait alors. C'était une atteinte grave portée sans motif, et de la part de misérables agents de police, à ma liberté individuelle. Il est à croire d'ailleurs que des arrestations de ce genre avaient souvent lieu dans Paris; ami des lois, des libertés publiques et de l'honneur national, il m'était difficile de m'attacher à un gouvernement qui ne pouvait être en harmonie avec l'objet de mes sympathies les plus vives » (1).

Après cette destitution brutale, M. Collenne, avait repris au barreau d'Épinal la place honorable qu'il y occupait avant son entrée au conseil de préfecture. Et le Procureur du Roi, pour réparer autant qu'il était en lui, l'injustice commise par le préfet, voulut bien proposer l'ancien conseiller pour l'une des trois places de juge-suppléant alors vacantes au tribunal d'Épinal, mais le préfet, bien qu'il eût quitté l'administration des Vosges pour celle du Bas-Rhin, était resté député du premier de ces départements et la présentation n'eut pas de suite.

Les habitants de Raon-aux-Bois n'avaient pu voir

(1) *Mémoire d'un Fonctionnaire public destitué à la révolution de juillet.* Épinal, 1833.

sans un orgueil légitime un de leurs concitoyens, et le fils d'un maire toujours regretté, défendre avec tant de désintéressement et de noble abnégation les intérêts de leur département. Ils apprirent avec indignation qu'il ne recevait pour prix de ses soins qu'une injuste destitution au moment où chacun s'attendait à voir le nouvel ordre de choses lui décerner une récompense au moins honorifique. Aussi dès l'année suivante, ils élurent M. Collenne membre du conseil municipal de leur commune bien qu'il l'eût quittée depuis vingt ans et qu'il n'y fut pas rentré depuis. Il accepta ce mandat qui fut renouvelé en 1834, mais appelé alors à faire partie du conseil municipal d'Épinal, il opta pour ces dernières fonctions dans lesquelles il fut maintenu par ses concitoyens, à chaque élection nouvelle.

Juge-suppléant au tribunal civil de la même ville par suite d'ordonnance royale en date du 51 janvier 1836, et ayant exercé gratuitement depuis trois années les fonctions de secrétaire du conseil municipal par suite d'élections trimestrielles et successives, M. Collenne fut nommé maire de la ville d'Épinal par ordonnance royale du 20 octobre 1845. En 1846, une nouvelle ordonnance datée du 23 octobre vint le maintenir dans cette position. Entre autres innovations, il avait institué, et fait ouvrir au secrétariat de la commune, dès son entrée en fonctions, un registre qu'il appela historique, lequel était destiné à recevoir la relation des événements les plus remarquables qui se présenteraient dans la cité confiée à son administration. Ce registre se divise annuellement en deux parties. La première contient les faits ou événements simples, c'est-à-dire tous ceux dont le souvenir peut se conserver au moyen d'une date ou de l'ordre chronologique dans lequel ils y sont transcrits, à mesure de leur réalisation comme les inondations, les incendies, le décès d'hommes remarquables, etc.; la seconde, rédigée à la fin de chaque année seulement, embrasse les faits complexes dont la relation exige quelques explications comme les constructions d'édifices publics, les épidémies, etc.

La juste considération qui, par suite des services rendus et d'une honorabilité de caractère enviable, M. Collenne avait obtenue comme conseiller de préfecture ou municipal, et comme maire, il l'avait aussi trouvée dans le monde et au barreau où des travaux remarquables dont nous aurons à parler tout à l'heure et une science profonde de notre législation lui avaient fait une place exceptionnelle. Libéral aux idées avancées, ainsi qu'on a pu le reconnaître par les quelques pages de son mémoire que nous avons rapportées, il avait été, en 1832, un des fondateurs, et le principal rédacteur, du *Journal des Vosges*, remarquable par son indépendance et qui n'a cessé de paraître qu'en 1855. Membre du conseil de discipline de l'ordre des avocats du barreau d'Epinal, à chaque élection nouvelle, il avait presque toujours été choisi soit pour scrutateur, soit pour secrétaire, à toutes les assemblées électorales tenues pour la nomination des députés de 1830 à 1848.

Dès avant la seconde ordonnance royale qui le maintint dans les fonctions de maire d'Epinal, en 1846 il voyait à regret le gouvernement du roi Louis-Philippe refuser avec obstination les réformes de toute nature dont les esprits les plus sages, en même temps que les plus modérés, croyaient l'instant venu. Aussi crut-il bientôt devoir se placer ostensiblement dans l'opposition constitutionnelle. En 1847, comme la plupart des autres, la ville d'Epinal eut son banquet réformiste. Le maire fit partie du comité qui l'organisa, mais il déclina l'honneur d'en être le président. L'honorable M. Boulay de la Meurthe, alors membre de la Chambre des Députés, pour le département des Vosges, depuis vice-président de la République et postérieurement sénateur, voulut bien accepter la présidence de ce banquet. Un incident inattendu vint quelque peu troubler cette fête de famille. Le comité d'organisation avait décidé, à une faible majorité, dont le maire faisait partie, que parmi les toasts du banquet il en serait porté un à la charte constitutionnelle, ce qui impliquait la reconnaissance de la monarchie. Cette décision mécontenta quelques républicains purs. Il arrêtèrent, de leur côté, qu'ils s'abstiendraient de paraître au banquet et, en effet, ils se tinrent à l'écart. Comme maire de la ville, M. Collenne eut l'honneur d'être placé à la droite du président qui dans un discours remarquable flétrit avec l'indignation d'une âme honnête la corruption et les abus qui avaient envahi toutes les branches de la haute administration.

Bientôt se produisirent les événements de février 1848. Dès que l'on reçut à Epinal la nouvelle de l'insurrection parisienne, plusieurs citoyens honorables

parmi lesquels figurait le commandant de la garde
nationale, se rendirent près du maire pour le prier
d'établir un poste de cette garde à la mairie et pour
organiser au plus tôt un comité composé de citoyens
qui pussent, au besoin, par leurs opinions politiques,
par leur influence sur les masses, et leur honorabilité, imposer à la multitude, et réprimer les désor-
dres qui pourraient surgir dans la ville. Le maire accueillit cette demande avec empressement. Le comité
fut organisé le jour même, et composé en majorité de
membres du conseil municipal, au nombre desquels
se trouvaient quatre adjoints, anciens ou nouveaux,
et le commandant de la garde nationale, qui, plus
tard, devint un membre modéré de l'Assemblée législative. Ce comité confia à M. Collenne l'honneur de
le présider.

Le maire apprit, la nuit suivante, que la république
avait été proclamée à Nancy. Cette nouvelle se répandit bientôt et quelques esprits ardents voulurent
aussi la faire proclamer à Epinal dès le lendemain
matin, mais le maire crut devoir s'opposer à ce qu'il
en fût ainsi jusqu'au reçu de la nouvelle officielle de
la proclamation à Paris. Cette nouvelle arriva dans
la soirée et il s'empressa de donner les ordres nécessaires pour la proclamation.

Le comité, bien qu'il eut été organisé sous le gouvernement monarchique, fut maintenu sous la république. Mais il fallait donner une sanction à ce nouveau pouvoir. Ceux de ses membres qui ne faisaient
point partie du conseil municipal proposèrent au président de réunir les citoyens d'Epinal pour soumettre

à leur appréciation les choix qui avaient été faits. Il obtempéra à leur demande. C'était une première application du suffrage universel. Tous les citoyens furent donc convoqués sur la place publique. Quelques membres du comité n'osèrent ou ne voulurent point se présenter ainsi aux suffrages populaires, et donnèrent leur démission. Tous les autres furent maintenus par l'assemblée et presque tous à l'unanimité. Il en fut surtout ainsi à l'égard de M. Collenne tant comme membre, que comme président du comité.

C'était, nous l'avons dit, en pleine place publique aux acclamations du peuple rassemblé que cette élection avait eu lieu. Elle fut suivie de différentes critiques, on le comprend de reste. Ceux qui cherchèrent à la blâmer ignoraient, sans doute, que c'est la seule possible dans les temps de révolution, alors que les circonstances exigent que de nouvelles autorités soient nommées sans retard ; que c'était la coutume presque constante dans les temps antiques ; qu'on l'a pratiquée même pour l'élection des papes ; qu'enfin, aujourd'hui même, elle est encore usitée en Angleterre où les élections se font d'ordinaire par acclamations, le scrutin n'étant ouvert que pour le cas ou le choix de la majorité peut paraître douteux.

Le comité après avoir ainsi obtenu la sanction populaire obtint celle du Préfet des Vosges, qui, lui aussi accepta la République, et continua à exercer ses fonctions, marchant complétement d'accord avec le comité local, lequel étendit sa sphère d'action et prit le titre de *Comité départemental.* Ainsi le préfet des Vosges non-seulement reconnaissait le Comité départemental, ce que constate d'ailleurs le recueil des actes administratifs de l'époque, mais encore, ce magistrat s'était mis en parfait accord avec cette autorité révolutionnaire. C'est en vain, pensons-nous, que l'on chercherait sur tout le territoire de la république d'alors un second exemple de ce fait, au moins extraordinaire.

Lorsque le préfet des Vosges fut remplacé par le commissaire du nouveau gouvernement, un des premiers actes de ce citoyen fut de nommer M. Collenne maire d'Épinal et de conférer au comité les fonctions de conseil municipal. Il faut le dire bien haut, ce comité, soit avant, soit après sa transformation, ne prit aucune de ces mesures violentes qui ailleurs inquiétèrent les populations. Aucun excès révolutionnaire n'était à craindre, d'ailleurs, de la part des citoyens qui le composaient, et qui tous étaient d'un caractère honnête et modéré.

Cependant l'agitation continue dans laquelle se passait sa vie, en ces temps d'effervescence populaire, donna bientôt à M. Collenne des craintes pour sa santé et lui fit sentir le besoin d'occupations plus calmes, de fonctions plus paisibles. Et comme il était possible qu'une ou plusieurs places devinssent vacantes au conseil de préfecture des Vosges, dont il n'avait pu oublier avoir été lâchement expulsé dix-huit ans auparavant, il crut se devoir à lui-même une démarche pour y reprendre la position qu'il y avait occupée.

Il alla, dans ce but, trouver le commissaire du gouvernement, qui lui demanda vingt-quatre heures pour réfléchir sur cette démarche. Ce délai expiré, le commissaire du gouvernement fit connaître à M. Collenne qu'il était prêt à le nommer conseiller de préfecture. Ce dernier, toutefois, ne croyait pas convenable de quitter ses fonctions de maire d'Epinal dans un moment si difficile, et il pria le commissaire d'attendre, pour qu'il le fît, qu'un peu de calme eût pu renaître dans l'esprit des populations à chaque instant surexcitées. Le commissaire du gouvernement comprit et apprécia l'importance des motifs de cette honorable détermination, et ce ne fut que le 19 mars 1848, quarante-huit heures avant de quitter lui-même ses fonctions, qu'il appela M. Collenne à faire partie du conseil de préfecture des Vosges. Le nouveau conseiller prit possession de ces nouvelles fonctions dès le lendemain 20 mars. Toutefois, la nomination n'était que provisoire, mais plus tard elle fut confirmée par le général Cavaignac, arrivé au pouvoir après les journées de juin 1848.

Chose étrange, ce n'est qu'après un laps de dix-huit années qu'il avait été possible à un citoyen des plus honorables et des plus capables en même temps de reconquérir des fonctions dont une haine violente, inassouvible, implacable, l'avait bassement écarté en 1850, et il n'avait fallu rien moins qu'une révolution pour que cette lâcheté fût réparée.

M. Collenne avait accepté franchement la république, et l'avait fait avec d'autant moins d'arrière-pensées qu'il avait eu quelques tendances républicaines pendant sa jeunesse, et alors qu'il regardait comme impossible la reconstitution du gouvernement impérial, objet de toutes ses prédilections, comme nous l'avons dit, et comme l'attestent le mémoire publié en 1855, dont nous avons extrait quelques pages, ainsi que ses autres écrits antérieurs à 1848. Mais il était napoléonien avant tout, napoléonien de toute la force d'une conviction profonde; et si la république avait pu lui sourire, c'est qu'il n'entrevoyait pas encore la possibilité du rétablissement du trône du grand Empereur et de sa dynastie. Toutefois, du moment où il entendit évoquer les souvenirs de 1793, il avait cessé d'être républicain, préférant de beaucoup le gouvernement de Louis-Philippe, avec sa bannière tricolore. à une république démocratique s'abritant sous le drapeau rouge. À défaut du gouvernement impérial, il avait rêvé la république du consulat, à l'organisation guerrière et forte, et non celle de la terreur.

Bientôt il crut s'apercevoir que la république de février 1848 s'engageait sur une pente fatale, et ce ne fut pas sans effroi qu'il vit le socialisme lever la tête contre une civilisation de dix-huit siècles. C'était à ses yeux un ennemi redoutable pour la nouvelle république, un ennemi qui bientôt devait la faire succomber. Aussi, dès le mois d'avril ou de mai 1848 il osa parler du rétablissement de la monarchie. Non-seulement il ne craignit pas d'exprimer hautement cette opinion, mais il n'hésita pas à ajouter qu'un Napoléon seul pouvait sauver la France. Il pensait que dans les circonstances où se trouvait le pays, le rétablissement de l'empire avait cessé d'être impossible; que l'Europe, loin de s'y opposer, l'accueillerait avec enthousiasme comme une ère destinée à fermer l'abîme des révolutions, et il prédit que ce rétablissement aurait lieu tôt ou tard.

À partir de ce moment, il ne perdit pas cette pensée un seul instant de vue. Aussi à l'élection du 10 décembre 1848, pour la présidence de la république, il donna son vote au prince Louis-Napoléon Bonaparte, et il le fit quand le préfet des Vosges, les membres du conseil de préfecture du département ses collègues, et presque tous les fonctionnaires publics, votaient pour le général Cavaignac.

Les débats, de plus en plus scandaleux, qui ne tardèrent pas à se produire dans l'assemblée législative apportèrent à M. Collenne la conviction intime qu'un coup d'État de la part du président de la république pourrait seul arracher la France à la situation précaire et déplorable que les partis lui avaient faite. Ce coup d'État il l'appelait de tous ses vœux, l'annonçant à tous comme un fait nécessaire, providentiel, et ne cachant pas sa manière de penser à cet égard aux membres de l'assemblée eux-mêmes : « Si le président de la république vous faisait sauter par les fenêtres, messieurs les membres de l'assemblée législative, » disait-il à l'un d'eux en août 1851, « j'espère bien que la moitié au moins d'entre vous s'empresseraient d'aller le remercier. »

On comprend que dans une telle situation d'esprit, il dut applaudir avec transport aux événements qui se produisirent dans les premiers jours du mois de décembre suivant, et qu'il vota avec enthousiasme d'abord la présidence décennale, puis enfin le rétablissement de l'empire, qu'il avait tant désiré.

Les événements successifs que nous venons de

rappeler n'avaient, du reste, apporté aucun changement à la position de M. Collenae. Conseiller de
préfecture à partir du 19 mars 1848, il l'était encore
en 1854. En très-bons rapports avec le préfet, lié
d'une étroite amitié avec ses collègues, il était bien
loin de se douter qu'il allait voir renaître les luttes,
toujours si désagréables entre un subordonné et son
supérieur, qui avaient précédé sa sortie du conseil
au mois d'août 1850.

Une mutation fit passer un nouveau préfet dans le
département des Vosges, en avril 1855. Comme son
prédécesseur, ce nouveau préfet traita les membres
du conseil de préfecture en général, et M. Collenne
en particulier, avec la plus exquise politesse, avec les
égards les plus bienveillants. Il était arrivé dans le
pays avec la réputation d'une haute capacité administrative. Toutefois, à la première séance du conseil
de préfecture qu'il présida, après son installation, il
fit preuve d'une singulière, d'une étrange distraction.
Une des communes du département était engagée
dans un procès comme défenderesse, et elle deman-
dait au conseil de préfecture l'autorisation d'ester en
justice à cette fin. Au grand étonnement du conseil,
qui avait toujours jugé différemment, le préfet soutint
que toute commune défenderesse devait être nécessairement autorisée à ester en justice, que conséquemment, la position faite à la commune impétrante
ne permettait pas qu'on lui refusât l'autorisation de
plaider qu'elle sollicitait pour se défendre. M. Collenne
était d'un avis opposé. Il prétendit avec raison que,
tuteur né des communes du département, le conseil

de préfecture ne pouvait se borner à accorder ou à refuser une autorisation de plaider sans avoir examiné les bases sur lesquelles devaient porter la demande ou la défense; que si la commune impétrante ne semblait pas fondée en droit dans ses moyens, il fallait, en lui refusant l'autorisation de plaider, la mettre dans l'impossibilité de compromettre davantage ses propres intérêts. La discussion fut longue, animée, et pour y mettre un terme, M. Collenne dut recourir au texte si formel, si précis de la loi. En présence de ses dispositions, qu'il était matériellement impossible d'interpréter en faveur de l'opinion émise par le préfet, force fut au conseil de refuser l'autorisation demandée. Un des membres du conseil de préfecture n'avait pu assister à la séance dans laquelle ce grand débat avait surgi. Une absence momentanée l'en avait éloigné. A son retour, ou plutôt à la première réunion du conseil qui suivit ce retour, M. Collenne lui proposa, ainsi qu'à son autre collègue, de ne pas soumettre à la signature du préfet l'arrêté pris dans cette séance, afin que rien ne vînt lui rappeler une affaire qui avait donné lieu à une discussion si malencontreuse et dont le souvenir devait lui être au moins désagréable, et de faire remplacer cette signature par celle du conseiller qui n'avait point assisté à la séance. Cette proposition fut unanimement accueillie. C'était là, chacun le reconnaîtra, un moyen de fortifier les bonnes relations qui dès le début s'étaient établies entre le préfet et les membres du conseil, et ce magistrat dut savoir gré à M. Collenne de l'avoir employé.

Quoi qu'il en soit, dans le courant du mois de septembre de la même année 1855, M. le ministre de l'intérieur adressa au préfet des Vosges des feuilles imprimées renfermant un grand nombre de questions et de demandes de renseignements sur chacun des membres du conseil de préfecture et des sous-préfets du département. Le préfet devait répondre catégoriquement à chacune de ces questions. Étranger au département, pour ainsi dire, et ne connaissant que très-imparfaitement les fonctionnaires sous ses ordres, il ne crut pouvoir mieux faire, du moins à l'égard des conseillers de préfecture, que de remettre à chacun d'eux, dans la salle du conseil, la feuille qui lui était destinée, avec prière de répondre lui-même aux questions qui le concernaient.

Comme ses deux collègues, M. Collenne prit cette feuille, et dans la pensée qu'il ne s'agissait là que d'une simple formalité, qui se renouvellerait sans doute chaque année, il écrivit ses réponses, comme il l'eût fait d'ailleurs en toute circonstance, avec franchise et loyauté. Personne du reste ne le pouvait mieux que lui et avec moins de crainte. N'avait-il pas en effet appelé de tous ses vœux, appuyé de toute son influence, hâté de tous ses efforts le gouvernement sous lequel il se trouvait heureux de remplir ses modestes fonctions?

Au nombre des questions qui lui étaient posées, il s'en trouvait une relative à ses antécédents politiques. Il crut ne pas devoir cacher dans sa réponse qu'*il avait eu des tendances républicaines*, TENDANCES AUXQUELLES, TOU-TEFOIS, IL AVAIT ENTIÈREMENT RENONCÉ DEPUIS UNE ÉPOQUE

ANTÉRIEURE AU 10 DÉCEMBRE 1848, ne mentionnant cette date mémorable que pour faire connaître au préfet et au ministre que dans cette élection solennelle il avait voté pour Louis-Napoléon Bonaparte.

La république à laquelle M. Collenne n'aurait pas refusé son concours n'avait rien de commun — on le sait, nous l'avons dit, et ses écrits le prouvent — avec celle de 1793, ni surtout avec cette *république démocratique et sociale* si ardemment préconisée par certains esprits exaltés dans la période de 1848 à 1852. Et quelle qu'elle eût été, il ne l'eût acceptée qu'à défaut, qu'en présence de l'impossibilité du gouvernement impérial. Son opinion, que jamais, on l'a vu, il n'avait dissimulée à personne, était parfaitement connue à Épinal et dans tout le département des Vosges; il était impossible de faire à cet égard la moindre équivoque, la plus légère interprétation.

Lorsque M. Collenne remit au préfet la feuille contenant ses réponses, ce magistrat y jeta un coup d'œil, et comme il accueillit d'un sourire celle relative aux antécédents politiques, le conseiller qui l'avait faite s'empressa de lui faire connaître dans quel sens restreint elle devait être entendue; lui expliqua catégoriquement quelles avaient été ses opinions dans le passé, quelles elles étaient dans le présent, et ne craignit pas d'ajouter que ses sympathies les plus vives et les plus ardentes l'attachaient, depuis son enfance et sans retour, à la dynastie de Napoléon. Si M. Collenne avait eu des velléités républicaines, c'était encore le grand Empereur qui était son héros, car il n'eût accepté la république que telle que l'avait faite

le 18 brumaire; mais même à celle-là, il avait défini-
tivement renoncé, du moment où l'arrivée du prince
Louis Napoléon Bonaparte à l'assemblée constituante
lui avait fait entrevoir la possibilité du rétablissement
de l'empire. Il eut soin d'ajouter encore que dès ce moment il avait parlé à tous de ce rétablissement comme
de la seule chance de salut qui restait à la vieille société européenne, et que, seul peut-être des fonctionnaires du département, il avait ouvertement accueilli
de son vote, au 10 décembre 1848, la candidature du
prince Louis-Napoléon à la présidence.

Ces explications parurent au préfet on ne peut plus
satisfaisantes, et de nature à rassurer entièrement
M. Collenne sur le sort de sa réponse à la question
relative aux antécédents politiques; réponse à laquelle, du reste, il l'avait indirectement engagé à ne
rien changer, en lui révélant à son tour ses antécédents de jeunesse, qu'il réprouvait actuellement. La
sécurité de M. Collenne, à cet égard, était tellement
grande, surtout après les explications que le préfet avait
bien voulu donner à ses conseillers sur ses propres antécédents, qu'ayant à changer quelque chose le lendemain à la rédaction d'une réponse sans importance,
il n'eut pas même la moindre velléité de toucher
à celle dont nous venons de parler. Ne savait-il pas,
du reste, que le nouveau gouvernement impérial,
non-seulement ne faisait un crime à aucun des fonctionnaires de sa manière de voir antérieure, mais ac-
cueillait, au contraire, avec bienveillance tous ceux
qui venaient plus ou moins sincèrement à lui, qu'ils
eussent été légitimistes, orléanistes ou républicains.

M. Collenne fut bientôt détrompé. En effet, une destitution aussi imméritée qu'inattendue, destitution cent fois plus brutale, plus inexplicable que la première vint le frapper, alors qu'heureux de servir enfin sous le gouvernement dont toute sa vie il avait appelé l'installation, il faisait tous ses efforts pour acquérir chaque jour de nouveaux titres à la confiance, au respect de ses concitoyens, ainsi qu'à la reconnaissance du département. Ce fut le Moniteur du 7 février 1854 qui lui en apporta la nouvelle, en lui faisant connaître qu'*il avait un successeur, et que, quant à lui, il était appelé à d'autres fonctions.*

On comprend quelle surprise dut saisir M. Collenne à la lecture de ce décret. Il n'y avait certes pas dans toute la France un fonctionnaire plus attaché que lui au gouvernement impérial. Toute sa vie, nous ne pouvons le dire assez, il en avait rêvé le rétablissement. Depuis plus de vingt ans, il avait manifesté hautement dans ses discours et dans ses écrits toutes ses sympathies, et toute son admiration pour le fondateur de l'empire, et pour les formes de son gouvernement; et, comme nous l'avons déjà dit aussi, depuis 1848 il n'avait pas laissé passer une seule occasion d'en activer le retour par sa parole et par son vote. Que fallait-il donc de plus, puisqu'il se voyait destitué sans égard, sans explication, comme s'il eût été le plus méprisable des hommes, l'ennemi le plus dangereux du gouvernement qui le repoussait? Sa première révocation pouvait, à la rigueur, se comprendre et peut-être s'expliquer. Une grande révolution venait, en effet, de s'accomplir. Le nouveau pouvoir, encore chancelant et mal assis, avait besoin d'appui dans la Chambre des députés. M. Colenne avait affaire à un ennemi tout puissant à ce titre, implacable, haineux, qui revenait occuper dans le département des Vosges un poste où chaque jour, de nouveau, il se serait trouvé aux prises avec le conseiller que, jusque-là, il avait incessamment rencontré sur sa route, ferme, inébranlable, défenseur intrépide de la justice, de la morale, et du bon droit. Le retour était impossible dans ces conditions. Il fallait que M. Collenne fût sacrifié à des rancunes trop vives, trop saignantes encore pour être oubliées, et il tomba, on le comprend. Mais en pleine paix, en 1854, alors que le gouvernement impérial, fort des acclamations d'une immense majorité, semblait voir la route se présenter devant lui large, belle, sans obstacle, quel motif inexplicable avait pu le porter à en agir ainsi envers un de ses fonctionnaires les plus dévoués? M. Collenne voulut avoir le mot de cette énigme. Quoi qu'il en soit, du moment où la nouvelle de cette révocation fut connue, le fonctionnaire destitué eut la consolation de se voir entouré de marques de sympathie et d'estime de toute espèce. Non-seulement ses amis, mais encore des personnes avec lesquelles il n'avait jamais eu aucun rapport direct, aucune relation, allèrent se faire inscrire à sa porte ou lui écrivirent les lettres les plus flatteuses.

Le préfet des Vosges était en voyage, au sein de sa famille, quand le Moniteur vint apporter à Épinal la nouvelle de cette destitution. Aussitôt son retour, M. Collenne se rendit auprès de lui pour lui demander quelques explications sur cet acte du gouvernement, dont il déclarait ne comprendre ni la cause, ni le but. Ce magistrat lui répondit que la nouvelle de cette destitution l'avait beaucoup surpris; qu'il n'y avait personne à déplacer dans le conseil de préfecture des Vosges; qu'une mesure de ce genre et de cette gravité était si loin de sa pensée, que quand il avait appris, à Chaumont, par le télégraphe, la nomination d'un nouveau conseiller dans les Vosges, il avait pensé qu'il s'agissait d'un quatrième conseiller que l'on envoyait dans ce département; qu'au surplus, il y avait lieu de croire que ce n'était qu'à lui-même que M. Collenne devait attribuer cette disgrâce, et qu'elle venait sans doute de la note que lui-même avait fournie sur ses antécédents politiques, note que lui, préfet, avait transmise au ministre telle qu'il l'avait reçue; que, du reste, il était probable que M. Collenne avait été dénoncé par quelque ennemi caché, qui aurait fait connaître au ministre la conduite du maire d'Épinal en 1848; que cette dénonciation avait pu être faite aussi à l'inspecteur général, qui était allé à Épinal au mois d'août précédent; et qu'enfin, l'état de la santé du conseiller destitué, que lui-même avait indiquée, dans une ses réponses, comme quelque peu altérée, avait pu contribuer aussi à sa révocation, bien que le préfet lui-même eût pris soin d'ajouter à cette note que l'état de santé du fonctionnaire ne l'empêchait nullement de faire son service. « J'aurais été vous voir aujourd'hui, dit-il en terminant, pour vous présenter mon compliment de condoléance, si vous ne m'aviez devancé; ma visite ne sera que re-

tardée. » M. Colenne crut devoir rappeler au préfet
que ses opinions n'avaient jamais cessé d'être napo-
léoniennes, ainsi qu'il le lui avait expliqué en lui re-
mettant sa note; que ses votes, toujours favorables
au gouvernement actuel, n'avaient été que l'expression fidèle de cette manière de voir, depuis le mois
de décembre 1848; ce magistrat lui objecta que si
ces opinions avaient été bien connues, et telles qu'il
les lui expliquait, le gouvernement ne l'aurait pas révoqué. A diverses reprises, le préfet répéta ces paroles ou d'analogues à M. Collenne, car le conseiller
destitué revint souvent à la charge auprès de lui, et
dans la dernière de ces conversations, il ajouta que
quand il avait adressé au ministre la feuille contenant les réponses de M. Collenne aux questions qui
lui avaient été posées, il avait dit à quelqu'un qui le
touchait de très-près et qu'il lui nomma : « *Je crains
bien que cette note soit fatale à celui qui l'a écrite.* »

Ce langage, dont, on le comprend du reste, nous
n'avons pu rapporter que la substance, est celui que
le préfet a tenu à toutes les personnes, et elles sont
nombreuses, qui, surprises, au delà de toute expression, de la mesure venant frapper encore une fois
M. Collenne, ont cru devoir adresser à cet égard
quelques observations ou même demander certaines
explications au premier magistrat administratif du
département des Vosges.

Que devait faire M. Collenne en présence du nouveau coup qui le frappait? Se taire, accepter en
silence cette destitution brutale qui venait briser
tout à coup la carrière d'un fonctionnaire comptant

cinquante-deux ans à peine, carrière si belle dans le passé, si brillante dans l'avenir ; étrange récompense de tant de services réels, incontestables, précieux rendus à la ville d'Épinal et au département des Vosges, ainsi qu'à l'administration de la justice dans des fonctions presque toutes gratuites, comme juge suppléant pendant douze années, membre du conseil municipal pendant quatorze, secrétaire de ce conseil durant trois années, conseiller de préfecture pendant plus de huit, et enfin comme maire pendant près de cinq ; maire que la population de toute une ville, rassemblée par ses soins sur la place publique, avait acclamé pour son premier magistrat, l'investissant d'un pouvoir sans limites, en mémoire de ses services antérieurs, dans les temps les plus difficiles, les plus orageux qu'il soit donné de traverser à un grand peuple écrasé sous le poids de soixante ans de révolution. Oh ! se taire, dans cette circonstance, eût été lâcheté ! M. Collenne protesta de toutes ses forces contre sa révocation. Il s'adressa à cet effet à toutes les autorités en état de lui rendre, ou de lui faire rendre justice ; tout fut inutile, malgré les démarches réitérées faites par la députation des Vosges en sa faveur. Il acquit seulement la certitude, et encore après un long temps, que la note fournie par lui-même sur ses antécédents politiques, dans la franchise et la spontanéité de son cœur, sans autres explications que celles données verbalement au préfet, avait été la cause apparente, sinon déterminante, de sa disgrâce.

Aujourd'hui M. Collenne vit dans une retraite abso-

lac, entouré seulement de sa famille et, comme il
le dit lui-même à tous ceux qui veulent l'entendre,
irrévocablement attaché aux choses et aux hommes
qui dès sa plus tendre enfance ont éveillé son enthousiasme, excité son admiration, et surtout à celui que,
malgré l'injustice dont il est victime, il n'a pas cessé
de regarder comme un messie ayant dissipé de son
souffle puissant, et pour jamais, les orages révolutionnaires.

Quant à nous, si nous devions chercher la cause
de la nouvelle disgrâce qui a frappé en 1834 le conseiller de préfecture destitué en août 1830, nous la
trouverions à coup sûr dans cet amour du droit qui
ne recule devant aucune considération, cette loyauté
qui ne sait transiger avec aucun devoir, cette science
véritable, profonde des questions soumises à son
examen, dont M. Collenne a toujours fait preuve dans
l'exercice de ses fonctions de conseiller de préfecture. Comme nous l'avons dit, l'opinion qu'il émettait
n'a pas toujours été conforme à celle du préfet, et
toujours l'autorité supérieure, administrative ou judiciaire, ou le texte précis de la loi, sont venus solen-
nellement sanctionner l'avis émis par le conseiller.

Le ressentiment que le préfet de la restauration
éprouvait de cet état de choses était grand. Membre
de la chambre des députés à la révolution de juillet,
pour faire destituer M. Collenne, il avait dû lui suffire
de dire au ministre : « Mon retour dans les Vosges
en qualité de préfet est impossible avec le conseil tel
qu'il est composé. Ce conseiller me gêne. Choisissez
entre lui et moi. »

Les révolutions, bien loin d'apaiser, d'amortir les passions humaines, les exaltent au contraire et les agrandissent. Pourquoi le préfet de 1854 n'aurait-il pas éprouvé le même ressentiment, la même préoccupation à la suite des succès que, bien involontairement, un conseiller avait remportés sur lui, succès que d'ailleurs ce conseiller n'avait ni désirés, ni enviés? Et, dans une circonstance donnée, s'il a pu lui suffire de rester muet pour faire destituer ce conseiller, pourquoi, car l'homme est ainsi fait, le préfet n'aurait-il pas gardé un silence qui le vengeait de ce que, à la rigueur, il pouvait regarder comme une humiliation? Le silence n'a jamais passé pour de la calomnie, demandez plutôt aux Basiles, aux Escobards et à tous les casuistes les plus profondément versés dans la matière. Il nous est démontré, quant à nous, que si M. Collenne a été destitué en 1854 par suite de la note qu'il avait fournie lui-même sur ses antécédents politiques, c'est que le préfet des Vosges a omis de joindre à cette note les explications verbales qu'il avait reçues, et qui seules pouvait en faire connaître le véritable sens.

En prenant la plume pour esquisser la vie de M. Collenne, nous nous proposions de ne dire que quelques mots sur sa carrière publique, car c'est surtout comme jurisconsulte profond, comme mathématicien hors ligne qu'il s'était révélé à nous, et nous ne le connaissions que par ses écrits scientifiques, par une démonstration destinée à changer de fond en comble, dans un avenir plus ou moins éloigné, l'arithmétique usuelle. Ce que nous avions à dire de ses importants, de ses remarquables travaux scientifiques devait être l'objet principal de cette notice. Hâtons-nous donc d'y arriver, après avoir demandé pardon à nos lecteurs de ce que, entraîné d'ailleurs par le sujet, nous avons écrit des pages au lieu des quelques lignes que nous pensions devoir suffire pour raconter la vie politique de l'ancien maire d'Épinal.

Toutes les communes, ou à peu près, dans le département des Vosges sont propriétaires de forêts ou possèdent des droits d'usage dans les forêts de l'État. Lorsque M. Collenne entra pour la première fois au conseil de préfecture de ce département, l'administration jugeait toutes les réclamations relatives aux affouages. Le nouveau conseiller s'éleva immédiatement contre cette compétence que l'administration s'était illégalement attribuée, ainsi que contre un règlement du préfet des Vosges en date du 10 septembre 1824, lequel admettait entre autres qu'une année de résidence dans une commune était nécessaire pour y participer aux affouages, etc... Il fit observer au préfet et au conseil de préfecture, qui suivait dans presque tous ses points le règlement dont nous venons de parler que, pour se conformer à la lettre comme à l'esprit de la législation en cette matière, il fallait reconnaître que :

1° Les préfets n'ont pas le droit de faire des règlements attributifs du droit d'affouage; que les règlements existant au moment de la promulgation du code forestier, s'ils avaient pu avoir quelque consistance, se trouveraient abrogés par ce code.

2° Les conseils de préfecture ne sont point compé-
tents pour statuer sur les réclamations en matière
d'affouage. Ces matières doivent être portées devant
les tribunaux ordinaires, juges naturels de toutes les
difficultés qui ne sont point spécialement soumises à
d'autres juridictions.

3° L'année de résidence dans une commune n'est
pas nécessaire, aux termes mêmes de la loi, pour y
participer aux affouages, etc.

Non-seulement le préfet et le conseil de préfecture
repoussèrent ces principes si certains, si incontestables, mais encore le préfet fit un règlement qui leur
était en tous points opposé. Ce règlement devint une
loi pour les administrations communales et pour le
conseil de préfecture, qui le suivit à la lettre.

A quelque temps de là, ce préfet fut remplacé. Dès
que le successeur fut installé, M. Collenne crut devoir lui soumettre son opinion sur la validité du règlement en vigueur. A la prière du nouveau préfet, il ré-
digea une dissertation dans laquelle il établit les thèses
que nous avons rapportées tout à l'heure, et fit la
critique du règlement qui avait suivi leur rejet.

Le nouveau préfet crut devoir s'en rapporter à une
commission. Il la composa du secrétaire général
de la préfecture, du procureur du roi de l'arrondisse-
ment d'Épinal, d'un des chefs de bureau de la préfecture, de M. Collenne lui-même, et s'en réserva
la présidence. Après avoir entendu le rapport d'un
de ses membres, cette commission reconnut à l'unanimité, moins une voix, 1° que les préfets n'avaient
pas le droit de faire des règlements en matière d'af-

fouage; que ces magistrats pouvaient seulement donner des instructions pour l'explication du texte de la loi; 2° que les conseils de préfecture étaient incompétents pour statuer sur les réclamations relatives aux affouages, qui devaient être jugées par les tribunaux ordinaires; 3° que l'année de résidence dans une commune n'était pas nécessaire pour y prendre part à cet émolument. La Commission ne se prononçait pas sur la question de savoir à quelle époque s'ouvrait annuellement le droit à l'affouage, non plus que sur quelques autres peu importantes.

Une instruction donnée par le préfet à toutes les communes de son département à la date du 15 mars 1850, et dans laquelle il admettait, entre autres, tous les principes que M. Collenne avait posés sur cette matière, et qui, plus tard, furent consacrés par un jugement du tribunal civil de Mirecourt, fut la conséquence de l'examen auquel s'était livrée la Commission et de la décision qu'elle avait formulée. Toutefois, avant de faire insérer son instruction dans le recueil des actes administratifs, le préfet crut devoir la soumettre à l'examen d'un des jurisconsultes les plus sages et les plus savants de notre époque, de M. Proudhon (1), doyen de la faculté de droit de Dijon, à qui l'on doit, entre autres, un excellent *Traité des droits d'usufruit, d'usage et d'habitation*. M. Proudhon

---

(1) On ne confondra point M. Proudhon le jurisconsulte avec son illustre neveu P. J. Proudhon, le socialiste, auteur du livre fameux *Qu'est-ce que la propriété ?* du *Système des contradictions économiques;* de *L'observation du dimanche,* de *La création de l'ordre dans l'humanité,* etc., etc.

répondit au préfet que son instruction était parfaitement conforme à la loi, et parut tellement satisfait du soin que l'on avait mis dans l'examen de cette matière, qu'il termina sa réponse par ces mots : « Heureux les administrés qui ont à leur tête un pareil administrateur; compliment dont M. Collenne pouvait à bon droit s'attribuer la part la plus large, puisqu'enfin c'était lui qui, le premier, dans le département des Vosges, dans toute la France peut-être, avait, par la seule puissance d'un caractère ferme, d'une science profonde et d'une haute raison, porté la main sur une vieille erreur administrative pour en faire connaître toute l'injustice, toute l'absurdité. C'étaient uniquement ses principes en matière d'affouage et de la compétence y relative qui avaient inspiré, dicté même l'instruction du 15 mars 1830. Le jugement du tribunal de Mirecourt, l'éloge de M. Proudhon, un grand nombre de décisions des cours d'appel, de la cour de cassation, du conseil d'État, attribuant aux seuls tribunaux ordinaires la connaissance des contestations en matière d'affouage, doivent être pour lui, nous semble-t-il, de bien douces consolations et un ample dédommagement à ses disgrâces politiques. Mais ce n'est pas tout, et de nouveau la cour de cassation, puis la presse tout entière, comme nous allons le voir, sont venues, à leur tour, sanctionner ses opinions, de leur puissante autorité.

A qui appartient le lit des ruisseaux ou des rivières non navigables et non flottables, et par suite les eaux qui les couvrent, et les poissons que renferment ces eaux?

La réponse à cette question est loin d'être aussi facile qu'elle peut le paraître au premier abord. Pendant près de cinquante années, elle a fourni matière aux méditations des jurisconsultes les plus éclairés, des commentateurs les plus profonds de notre droit civil ou public. « Il faut reconnaître, » dit M. Troplong, *Traité des Prescriptions*, n° 143, « que cette question est une des plus difficiles que la jurisprudence puisse rencontrer... Je serais presque tenté de l'appeler, avec Montaigne, *question pour l'ami*, tant les textes sur lesquels on discute sont, à la fois, contraires les uns aux autres, et cependant imposants par leurs conséquences. »

« Ce sujet, » dit de son côté M. Dalloz, *Jurisprudence générale*, année 1846, *pages 177 et suivantes*, « est important par ses principes et par ses conséquences. Vaste, par les matières qu'il embrasse, et difficile, par les théories et les systèmes qui se trouvaient en lutte. Il semble que la question de la propriété des eaux courantes et de leur lit, qui autrefois n'intéressait guère que le fisc seigneurial, ait grandi de tout l'essor que la fortune industrielle et agricole a pris dans le pays depuis un demi-siècle. C'est qu'en effet, on comprend mieux aujourd'hui que l'eau courante, considérée comme principe de la fertilité du sol ou comme force motrice, est une partie intégrante, inséparable, indivisible, de la richesse territoriale, et que celle-ci tire de cet élément l'un de ses plus précieux avantages. Cela explique suffisamment l'ardeur avec laquelle la controverse a été soutenue. »

Quatre opinions, en effet, ont divisé, depuis la promulgation du Code civil, ce que la science du droit et de la législation compte de plus illustre, de commentateurs sages et érudits.

« *La propriété des eaux courantes et de leur lit appartient aux riverains.* » disaient MM. Coppeau, Hennequin, Romagnosi, Championnière, Philippe Dupin, Marcadé, Isambert, Daviel, Chardon, Carré, Pardessus, Toullier, Troplong, etc.

« *La propriété du lit des eaux courantes appartient aux riverains, mais les eaux elles-mêmes n'appartiennent à personne, sont* RES NULLIUS, d'après la doctrine professée par MM. Duranton, Garnier, de Cormenin, etc.

« *La propriété du lit et de l'eau courante est une dépendance du domaine public,* » enseignaient MM. Proudhon, Foucart, Laferrière, Caron, Rives, dont l'opinion était confirmée par des arrêts de Douai, de Bruxelles et de Gand.

Et enfin, « *la propriété des cours d'eau et de leur lit n'appartient pas aux riverains; elle n'est pas non plus une dépendance du domaine public,* ELLE N'APPARTIENT A PERSONNE. *Les eaux et leur lit sont du domaine commun,* RES NULLIUS.

Tel est l'avis de Henrion de Pancey, de Merlin, de M. Nadaud de Buffon, de Dubreuil, de Tarbé de Vauxclairs, de M. Dalloz aîné, etc.

Dans une brochure on ne peut plus remarquable, véritable traité *ex professo* sur la matière, écrite en 1857, M. Collenne, puisant son opinion dans ses méditations personnelles, sans même se douter qu'elle fût chose admise par aucun auteur, et croyant que le débat ne portait que sur la question de savoir si le sol des petits cours d'eau appartenait à l'État ou aux rive-

rains, adopta la doctrine de Henrion de Pansey, etc.,
qu'il a développée avec un rare talent, dont il a déduit
tous les motifs, et a démontré le bien fondé, la concordance exacte avec l'esprit général et particulier de
notre droit civil, comme avec la lettre précise de nos
codes. « A qui donc appartient le sol des cours d'eau
non navigables ni flottables? » dit-il en terminant.
« A personne. Pas plus que l'eau qui le recouvre, pas
plus que, d'après le droit naturel, le poisson que ces
eaux renferment. Mais ce sol, faisant partie du territoire français, l'État peut y exercer tous les droits
du maître. »

Un arrêt de la cour de cassation (chambre des
requêtes) avait décidé le 14 février 1855 que la pente
des eaux courantes est *res nullius*. Mais par un nouvel
arrêt du 10 juin 1846, rendu, après une longue délibé-
ration dans la chambre du conseil, sous la présidence
de M. Portalis, premier président, au rapport de
M. Simonneau et contrairement aux conclusions de
M. Pascalis, premier avocat général, qui voulait faire
considérer le lit et les eaux des rivières non navigables ni flottables comme faisant partie du domaine
public, la cour suprême a décidé, par les motifs que
M. Collenne a développés dans sa brochure, que les
eaux des rivières non navigables ni flottables et le
sol sur lquel elles s'écoulent n'appartiennent à personne. M. Dalloz, en rapportant cet arrêt *in extenso*
dans sa *Jurisprudence générale*, année 1846, page 177
et suivantes, n'hésite pas à placer M. Collenne à côté
des grands noms que nous venons de citer, et sur la
même ligne, dans le savant commentaire dont il

accompagne cet arrêt; et postérieurement, dans le compte rendu d'un ouvrage de M. Championnière qui faisait du lit des cours d'eau non navigables un accessoire de la propriété privée, il ajoute que cette doctrine a succombé à la cour de cassation, laquelle a vu dans ce sol une de ces propriétés que les jurisconsultes appellent *nullius*, et que c'est là au surplus l'opinion de MM. Henrion, Merlin, Dalloz, Collenne (avocat à Épinal et Nadaud de Buffon.

Qu'importent après cela les coups d'épingle de l'envie, ces rancunes mesquines d'un amour-propre froissé d'autant plus fortement que rien peut-être ne pouvait le justifier, et qui cependant ont suffi pour briser à deux reprises la carrière d'un citoyen honorable, entièrement dévoué à l'ordre de choses auquel il consacrait son temps et ses lumières.

Les succès obtenus par M. Collenne comme jurisconsulte n'étaient pas les seuls toutefois qui lui fussent réservés. Profondément versé dans les sciences mathématiques et surtout dans celle des nombres, ainsi que nous l'avons dit, il devait rendre un service incontestable, immense à la science et à la civilisation en jetant une lumière vive, éclatante, inattendue sur cette branche des connaissances humaines, presque entièrement inexplorée avant lui, le croirait-on, dans sa partie la plus importante, celle qui concerne la numération. Ce qu'a voulu faire, ce qu'a fait M. Collenne à cet égard, c'est démontrer de la manière la plus lucide, la plus irréfutable tous les vices du système à base dix ou décimal appliqué soit à la numération, soit surtout aux poids et mesures, et tous les avantages, à ce double point de vue, sinon d'un autre système, du moins d'une autre base.

Pour l'intelligence de ce qui va suivre, qu'il nous soit permis de rapporter ici quelques pages extraites d'un ouvrage encore inédit (1) auquel nous travaillons depuis plusieurs années :

«On nomme GRANDEUR OU QUANTITÉ soit les substances et les êtres eux-mêmes, soit certaines portions de leurs individualités quand on les considère : 1° au point de vue des collections qu'elles peuvent produire en s'unissant individu à individu ; 2° des dimensions de longueur, de largeur, et de hauteur ou d'épaisseur sous lesquelles elles nous apparaissent.

» On donne le nom particulier d'UNITÉ à chacune des individualités de grandeur ou de quantité, et le nom générique de NOMBRE à chacune des collections qu'elles produisent en s'unissant les unes aux autres.

» L'arithmétique considère les nombres comme CONCRETS et comme ABSTRAITS, comme ENTIERS et comme COMPLEXES, comme SIMPLES OU PREMIERS et comme COMPOSÉS.

» Elle appelle NOMBRE CONCRET celui qui s'applique à une espèce déterminée de grandeurs ou de quantités, NOMBRE ABSTRAIT celui qui ne s'applique à aucune espèce déterminée de grandeurs ou de quantités.

» Elle nomme NOMBRE ENTIER celui qui ne s'applique qu'à des grandeurs ou quantités entières, NOMBRE COMPLEXE celui qui s'applique à des grandeurs ou

____

(1) COURS D'ÉTUDES COMPLÈTES ET PRÉPARATOIRES AUX EXAMENS UNIVERSITAIRES, par Vincent de Jozet, docteur en droit. — Partie : *mathématiques élémentaires.*

quantités entières auxquelles viennent s'ajouter des
morceaux, coupures, brisures ou fractions de grandeurs ou quantités.

» Elle donne le nom de NOMBRE SIMPLE OU PREMIER à
celui qui ne peut se décomposer en plusieurs nombres entiers égaux, et de NOMBRE COMPOSÉ à celui qui peut
se décomposer en plusieurs nombres entiers égaux.

» On appelle SÉRIE NATURELLE des nombres une série
infinie que l'on obtient en prenant pour point de
départ une unité quelconque et dont on forme chacun
des autres termes en ajoutant toujours une unité nouvelle à celui qui le précède immédiatement.

» On comprend que cette série doit être infinie,
puisque quel que fût le terme ou le nombre auquel
elle s'arrêterait il serait toujours possible d'ajouter
une unité nouvelle à ce nombre, ou à ce terme extrême, pour en obtenir un nouveau, cette possibilité
n'ayant pas de limite.

» On comprend encore que puisque le nombre des
termes de cette série est infini, il était matériellement
impossible de créer à l'avance une dénomination
particulière pour chacun d'eux, car la nomenclature
de ces dénominations, de quelque étendue qu'elle ait
pu être, n'aurait jamais constitué qu'une série finie et
tout à fait impropre, par conséquent, à l'expression
de tous les termes d'une série infinie.

« L'impossibilité de créer à l'avance une expression
particulière pour chacun des termes de la série naturelle des nombres, et la nécessité rigoureuse d'appliquer toutefois à chacun d'eux une dénomination individuelle, soit parlée, soit écrite, a fait chercher et

trouver le moyen de les énoncer tous à l'aide d'un nombre très restreint d'expressions.

« Pour arriver à ce résultat, on a décomposé la série naturelle en un nombre infini de sections finies et composées chacune d'un même nombre de termes.

» La première de ces sections a été formée de termes successifs de la série naturelle à partir de l'u- nité, qui se trouve être ainsi le premier terme de la première section, en même temps que le premier de ceux de la série naturelle.

» La deuxième section a pour premier terme le nombre qui dans la série naturelle ne dépasse que d'une seule unité le plus élevé de ceux de la première; chacun des autres a été pris dans la série naturelle à distance telle de celui qui le précède immédiatement qu'il soit nécessaire et qu'il suffise d'ajouter successi- vement à chacun de ceux dont la section se compose tous les termes de la première pour rétablir la série naturelle et la continuer jusqu'au nombre exprimé par le plus élevé des termes de la première section ajouté au plus élevé de ceux de la deuxième.

» Il en a été de même pour chacune des autres. De sorte que le premier terme d'une section quelconque ne dépasse jamais que d'une seule unité celui qui dans la série naturelle exprime le dernier de la section immédiatement antérieure ajouté au plus élevé de chacune des autres, et que chacun des autres termes dont se compose une section quelconque se trouve à distance telle de celui qui l'y précède immédiatement, qu'il soit nécessaire et qu'il suffise d'ajouter à chacun de ceux qu'elle contient tous les termes formés antérieurement pour continuer la série naturelle jusqu'au nombre exprimé par le plus élevé des termes de la dernière section ajouté au plus élevé de chacune des autres.

» Après avoir ainsi décomposé la série naturelle en sections, il devenait facile d'appliquer une dénomination particulière, soit orale, soit écrite, à chacun des individus innombrables dont elle se compose. Pour atteindre ce but, on a donné un nom individuel à chacun des termes de la première section ; chacun de ceux de la deuxième a reçu la dénomination appliquée au terme qui dans la première section occupe le rang que lui-même occupe dans la sienne, mais en altérant cette dénomination par un suffixe, pour qu'il fût toujours impossible de confondre ces deux appellations, qui d'ailleurs exprimant le même terme, mais dans deux sections différentes, restent identiques par le radical.

» On conçoit qu'en appliquant ce principe à la troisième section, on a pu donner encore à chacun des termes dont elle se compose, les dénominations choisies pour chacun de ceux de la première, en altérant chacune de ces dénominations par un suffixe autre que celui adopté pour tous les termes de la deuxième section, et qui cependant fût le même pour tous ceux de la troisième.

» On a donné à chacun des termes de la quatrième section la dénomination adoptée pour celui qui dans la première occupe le même rang que lui-même occupe dans la sienne ; à chacun de ceux de la cinquième la dénomination choisie pour celui qui dans la deuxième occupe le rang que lui-même tient dans la sienne ; à chacun de ceux de la sixième l'appellation attribuée au terme qui occupe le même rang dans la troisième. Mais pour qu'aucun des termes de ces trois sections ne pût être confondu avec celui qui tient le même rang dans les trois premières, on a altéré la dénomination affectée à chacun d'eux par un suffixe nouveau et qui est le même pour tous les termes de ces trois dernières sections.

» Puis on a appliqué à la septième, à la huitième et à la neuvième ; à la dixième, à la onzième et à la douzième ; à la treizième, à la quatorzième et à la quinzième ; à la seizième, à la dix-septième et à la dix huitième ; et ainsi de suite à l'infini, les principes adoptés pour l'appellation des termes de la quatrième, de la cinquième et de la sixième. De sorte que chacun des termes de la septième section, de la dixième, de la treizième, de la seizième, et ainsi de suite à l'infini, a reçu la dénomination individuelle adoptée pour le terme qui dans la première section, occupe le rang que lui-même tient dans la sienne ; chacun de ceux de la huitième, de la onzième, de la quatorzième, de la dix-septième, et ainsi de suite à l'infini, a reçu la dénomination individuelle qui caractérise le terme qui dans la deuxième section occupe le rang que lui-même tient dans la sienne ; chacun de ceux de la neuvième, de la douzième, de la quinzième, de la dix-huitième, et ainsi de suite à l'infini, a reçu l'appellation individuelle appliquée au même terme de la troisième section.

» Mais pour qu'il ne fût pas possible de confondre

un terme, quel qu'il soit, d'une section quelconque, avec celui qui dans une autre occupe le même rang, on a déterminé l'appellation individuelle de chacun d'eux, à partir de la quatrième section, par une dénomination spéciale, et commune à tous les termes de trois sections immédiatement successives.

» Bien que le système adopté pour la dénomination orale de tous les termes de la série naturelle des nombres fût d'une simplicité extrême, on ne s'est pas contenté pour leur expression écrite de les représenter à l'aide des caractères ordinaires, et l'on a substitué à ceux-ci des signes sténographiques en nombre égal à celui des unités qui concourent à la formation du premier terme de la deuxième section, quel que soit celui de la série naturelle auquel on fait jouer ce rôle.

» De ces signes sténographiques que l'on appelle CHIFFRES, l'un n'est l'expression d'aucune valeur numérique.

» Chacun des autres exprime un terme qui est le même pour toutes les sections, à partir de la première. Les mathématiciens les nomment *chiffres significatifs*, parce que chacun d'eux est l'expression d'une valeur numérique.

» Isolé, chacun des chiffres significatifs exprime un terme différent de la première section. Placé le deuxième, le troisième, le quatrième et ainsi de suite, de droite à gauche, dans l'expression d'un terme de la série naturelle des nombres, il désigne le même terme de la deuxième, de la troisième, de la quatrième section, et ainsi de suite.

» De sorte que tandis que par sa forme extérieure un chiffre significatif, quel qu'il soit, fait connaître de quel terme d'une section quelconque il est l'expression constante, la place qu'il occupe, de droite à gauche, dans l'expression d'un nombre révèle à quelle section appartient accidentellement le terme que, du reste, il exprime toujours.

» Puisque la section à laquelle appartient le terme dont un chiffre significatif est l'expression constante se détermine par le rang, de droite à gauche, que ce chiffre occupe dans l'expression d'un nombre, on comprend que le chiffre n'indiquant aucune valeur numérique est indispensable pour exprimer chacun des termes d'une section quelconque, autre que la première, quand la valeur d'aucun terme de la section immédiatement inférieure ne vient s'ajouter à la sienne; car il serait impossible de donner à un chiffre significatif à l'aide d'un autre chiffre de même nature une place autre que la première, dans l'expression d'un nombre dépassant la première section, sans ajouter à la valeur du terme exprimé par le premier, dans la section que désignerait sa place, celle du terme exprimé par le second dans la section immédiatement inférieure.

« On appelle : 1° NUMÉRATION la lecture et l'écriture des termes de la série naturelle des nombres; — 2° SYSTÈME DE NUMÉRATION l'ordre adopté pour l'énoncé, la lecture et l'écriture des nombres à l'aide d'une collection d'appellations moins étendue que celle des termes de la série naturelle; — 3° BASE DU SYSTÈME DE NUMÉRATION le premier terme de la deuxième section, quel que soit celui de la série naturelle auquel on fait jouer ce rôle, ou bien encore le terme de cette série indiquant le nombre des signes sténographiques employés pour l'expression écrite de tous les termes de la série naturelle des nombres (1).

» De ces définitions il résulte qu'il n'y a pour la numération qu'un seul système et qu'il est susceptible de changer de base à l'infini. »

Dans l'ouvrage écrit par M. Collenne sur cette importante matière et qu'il intitule LE SYSTÈME OCTAVAL (2), après avoir constaté qu'à l'exception de la presqu'île de Malacca, en Asie, où l'on compte par deux; des Yaméos, peuple de l'Amérique méridionale, qui compte par trois; de la peuplade qui dans l'île de Flores, à l'est de Java, parle l'idiome nommé *Ende* et fait usage de la base quatre pour sa numération; des anciens peuples de l'Amérique et notamment des Mexicains, qui avaient adopté cinq pour base de leur système, ainsi que les Malais de l'Archipel indien, et surtout les nations les moins civilisées de l'est;

(1) C'est par suite d'une erreur très-grave et très-préjudiciable, selon nous, à l'intelligence complète du mécanisme de la numération, que l'on regarde le premier terme de la deuxième section comme la base du système au lieu de la voir où elle est véritablement, c'est-à-dire dans le nombre des termes composant chaque section. Envisagé sous ce point de vue, on comprend que le système décimal devrait s'appeler système par neuf, le duodécimal système par onze, l'octaval système par sept, le binaire système par un, etc., puisque, quelle que soit la base, le nombre des termes de chaque section est toujours égal, moins un, à celui des unités entrant dans la composition du premier terme de la deuxième section.

(2) Brochure de 168 pages in-8, nouvelle édition. Paris, chez Desoer et Magdelaine, 1845.

des montagnards des îles de la Sonde, qui sans doute comptaient jadis par six, puisqu'il n'y a dans leur idiome qu'un seul mot pour désigner *six* et *total*, enfin des Zélandais qui ont la singulière habitude de compter par onze, tous les peuples de la terre, depuis l'antiquité la plus reculée jusqu'à nos jours, semblent s'être entendus pour adopter comme base de leur système de numération le nombre des doigts de nos deux mains, ou, pour employer le terme consacré par la routine, *le système décimal*. Après avoir constaté, disons-nous, ce fait, au moins étrange puisque rien ne peut justifier un tel choix, M. Collenne pose en principe que pour que la base du système de numération soit irréprochable, il faut qu'elle puisse, en même temps, servir aussi de base à un système complet de poids et mesures. D'un autre côté, pour qu'un nombre puisse servir commodément de base à un système complet de poids et mesures, il faut qu'il puisse se décomposer à l'infini sans présenter un nombre complexe dans aucune de ses subdivisions. Or, de tous les termes de la série naturelle, il n'y a que DEUX et ses diverses puissances (1) qui jouissent de cette propriété singulière. Le nombre des doigts de nos deux mains ou DIX, puisque c'est ainsi qu'avec cette base on appelle le premier terme de la deuxième section, est donc essentiellement

(1) On entend par PUISSANCES d'un nombre tous les termes de la série naturelle dans lesquels ce nombre entre seul comme *facteur*, et par FACTEUR, SOUS-MULTIPLE ou DIVISEUR tous les nombres entiers égaux ou toutes les fractions égales qu'il recèle dans sa composition. On comprend que comme tous les autres nombres les facteurs sont PREMIERS OU COMPOSÉS.   V. LE TOURT (*Ouvrage cité.*)

impropre à servir de base à un système complet de poids et mesures. Considéré sous ce point de vue, il est absurde, il est impossible. Trouvez donc, en effet, si vous n'êtes pas géomètre, immédiatement, sans tâtonnements et sans efforts, le cinquième rigoureux d'une ligne, d'une surface ou d'un corps, ou, ce qui est la même chose, d'un poids ou d'une mesure quelconque. Douze serait, à très-peu près, dans le même cas, puisqu'il n'a à cet égard d'autre avantage sur dix que la possibilité d'une seule subdivision de plus, ses facteurs étant 2, 2, et 3, tandis que ceux de dix sont 2 et 5

Deux, quatre, huit et les autres puissances de deux sont donc seules acceptables comme base d'un système complet de poids et mesures. Et l'on s'étonne après cela que, malgré les prescriptions légales les plus précises et les plus rigoureuses, soixante années n'aient pas suffi pour vaincre les répugnances populaires à l'égard du système métrique ou décimal des poids et mesures, bien qu'il ait l'avantage inappréciable d'être en rapport complet d'identité avec la numération; et que le bon sens des masses ait, depuis longtemps, fait justice d'un système auquel les savants eux-mêmes sont forcés de renoncer, puisqu'ils n'ont jamais pu l'appliquer commodément ni à la division du cercle, ni surtout à celle du temps, suivant la judicieuse observation de M. Collenne. Cependant c'est à une puissance de deux que se rattache, après tout, la base de ce système, ou l'étalon des poids et mesures, puisqu'il n'est pas autre chose que la dix-millionième partie du quart du méridien terrestre

Mais les imperfections flagrantes et radicales des bases dix et douze appliquées aux poids et mesures sont-elles compensées par leurs mérites en ce qui touche la numération, et ces mérites l'emportent-ils sur ceux des autres nombres, au point qu'il faille les préférer à tous dans les deux cas?

Pour qu'un nombre puisse servir avec avantage de base au système de numération dont nous avons exposé les principes, il faut :

1° Qu'il rende inutile l'emploi d'une grande quantité de signes sténographiques ou de chiffres pour l'expression écrite des nombres les plus usuels, c'est-à-dire de ceux qui dans le système décimal ou à base dix ne dépassent pas la dix-huitième section. Deux, tant préconisé par Leibnitz, au dix-septième siècle, serait on ne peut plus défectueux sous ce rapport, car il exige sept signes : 1100011 pour exprimer un nombre qui avec la base dix n'en demande que deux : 99, et avec la base douze que deux aussi : 83, à plus forte raison. Il en serait à peu près de même de quatre et de six. Huit, à ce point de vue, jouirait presque des mêmes avantages que dix, puisque pour écrire avec la base huit un nombre qui dans le système usuel ou à base dix en exige dix : deux billions, par exemple — nombre énorme, presque double de celui exprimant en lieues la distance moyenne de la planète Leverrier au soleil, et auquel nos hommes d'État n'ont pas encore dû avoir recours pour exprimer en francs le budget de l'État, — il suffirait d'un chiffre de plus. En effet, ce nombre, qui avec la base dix s'écrit : 2000000000, deviendrait avec la base huit : 16715512000.

2° Quelle que soit la base sur laquelle repose le système de numération, il est on ne peut plus utile de pouvoir exprimer les fractions de grandeurs ou de quantités avec un seul nombre. Or, il en est ainsi à l'égard de toutes celles dont le dénominateur (1) est la base employée ou l'une de ses puissances, ou bien encore un des facteurs de cette base ou de ses puissances. Donc, plus on trouvera de facteurs dans un nombre et, par suite, dans chacune de ses puissances, plus il sera propre à servir de base au système général de la numération. Mais comment déterminer immédiatement combien de facteurs se rencontrent dans un nombre et surtout dans ses puissances les plus élevées? M. Collenne a trouvé à cet égard plusieurs lois fort importantes qui doivent fixer tout spécialement l'attention des mathématiciens, et il en formule ainsi les principales :

« 1° Si le nombre n'a qu'un facteur premier, quelle que soit d'ailleurs la quantité de ses facteurs composés, comme huit, les diviseurs de ses puissances augmentent par chacune d'une quantité égale à celle de ses facteurs plus un ; ainsi huit ayant deux facteurs deux, quatre, le nombre de ses diviseurs augmente de trois par puissance. Conséquemment, la première puissance de huit ayant quatre diviseurs, savoir : huit, quatre, deux, un, la seconde en a sept, la troisième dix, etc.

____

(1. On appelle dénominateur d'une fraction le nombre qui indique en combien de parties égales la quantité se décompose, et numérateur celui qui fait connaître sur combien de ces parties on opère.

5. de Jozé (Ouvrage cité)

» 2° Si un nombre est né de deux ou de plusieurs facteurs premiers différents, les diviseurs de ses puissances augmentent par chacune d'une quantité égale aux nombres formant cette série naturelle : deux, trois, quatre, cinq, etc., élevés à la puissance indiquée par le nombre de ces facteurs. Ainsi DIX ayant deux facteurs premiers, DEUX et CINQ, ses puissances ont successivement quatre, neuf, seize, vingt-cinq... diviseurs, ces nombres représentant les carrés de DEUX, TROIS, QUATRE, CINQ, etc.; les puissances du nombre TRENTE, qui a trois facteurs premiers, DEUX, TROIS et CINQ, offrent successivement huit, vingt-sept, soixante-quatre, cent vingt-cinq diviseurs; ces quantités représentant les cubes des mêmes nombres DEUX, TROIS, QUATRE, CINQ.

» 3° Si le nombre a, tout à la fois, deux facteurs premiers et deux facteurs composés, comme DOUZE, dont les facteurs sont DEUX, TROIS, QUATRE et SIX, les diviseurs de ses puissances augmentent par chacune d'une quantité égale aux mêmes nombres DEUX, TROIS, QUATRE, CINQ, etc., multipliés successivement par ceux formant cette autre série TROIS, CINQ, SEPT, NEUF, etc.; de telle sorte que la première puissance de DOUZE a six diviseurs, la seconde quinze, la troisième vingt-huit, la quatrième quarante-cinq, etc. »

Des bases SIX, HUIT, DIX et DOUZE, HUIT est la moins riche, si l'on n'a aucun égard à son infériorité dans l'échelle des nombres par rapport à DIX et à DOUZE, puisque ses puissances successives n'ont que quatre, sept, dix, treize, seize... diviseurs ; DOUZE le serait le plus, puisque ses puissances en ont successivement six,

quinze, vingt-huit, quarante-cinq, soixante-six, etc.;
SIX et DIX se placeraient sur la même ligne. Mais si
l'on considère combien est peu commode et, par
suite, peu usuelle, la division par CINQ et même par
TROIS, qui figure au moins pour moitié dans les bases
SIX, DIX et DOUZE, l'avantage, même à ce point de
vue, restera encore à la base HUIT, dans laquelle on
ne rencontre jamais que la division ou la multiplication
par DEUX qui, de toutes les opérations possibles, est la
plus naturelle et, par suite, la plus usitée.

« Dans la base DIX, » dit M. Collenne, « on peut
convertir exactement (écrire au moyen d'un seul
nombre) toutes les fractions ayant pour dénominateur
des puissances de DEUX ou de CINQ, ou des nombres
résultant des combinaisons de ces puissances multipliées l'une par l'autre, et dans la base DOUZE toutes
celles dont les dénominateurs seraient des puissances
de DEUX ou de TROIS, ou des nombres résultant aussi
des combinaisons de ces puissances multipliées l'une
par l'autre, tandis que dans la base HUIT on ne pourrait convertir exactement (écrire au moyen d'un seul
nombre) que des fractions ayant pour dénominateur
des puissances de DEUX. Toutes les autres fractions
seraient périodiques (1). Il faut reconnaître que sous
ce rapport, la base HUIT serait la plus défavorable et
que les bases DIX et DOUZE seraient également avanta-

(1 On appelle fraction périodique celle qui s'exprime au moyen
d'un seul nombre répété comme : 0,77 ; 0,3939 ; 0,0125 0125, etc.
Elle n'est jamais l'équivalent exact et rigoureux d'une fraction expri-
mée par deux nombres, numérateur et dénominateur

V. DE JOZET. (Ouvrage cité)

gées ; mais cet avantage ne tient qu'un rang fort secondaire. L'on conçoit, en effet, que cette conversion des fractions ordinaires (1) en fractions décimales (écrites par un seul nombre) dans les bases DIX et DOUZE n'aurait lieu, dans la plupart des cas, qu'au moyen d'une grande quantité de chiffres décimaux d'un nombre fort élevé). Il en faut déjà trois dans la première de ces bases pour exprimer la simple fraction d'un huitième. Il en faudrait deux dans la base DOUZE. Cet avantage ne présente donc guère d'intérêt que dans les calculs rigoureux où l'on veut obtenir des résultats parfaitement exacts ; il est nul, ou presque insensible, dans l'arithmétique usuelle, où l'on n'admet qu'un petit nombre de chiffres décimaux (des nombres peu étendus pour l'expression d'une fraction). Mais en supposant que l'on veuille attacher de l'importance à ce point, nous dirons de suite que nous trouvons une ample compensation en faveur du nombre HUIT, en ce que dans cette base toutes les puissances de DEUX ou toutes les multiplications de l'unité par DEUX s'exprimeraient par un seul chiffre, outre les zéros ; que toutes les fractions ordinaires de l'unité par deux auraient pour dénominateur les mêmes puissances ainsi exprimées, et que la conversion de ces fractions en fractions octavales (écrites au moyen d'un seul chiffre dans le système à base HUIT) aurait lieu sans aucun calcul et encore au moyen d'un seul chiffre, outre les zéros. En effet, ces trois

(1) On nomme ainsi celles dont le dénominateur n'est ni la base employée, ni une puissance ni un facteur de cette base, et qui s'écrivent au moyen de deux nombres superposés et séparés par une barre horizontale, de cette manière : $\frac{3}{7}$. V. DE JOZET (Ouvrage cité.)

opérations donneraient lieu à des progressions symé-
triques qui se formuleraient ainsi qu'il suit :

1° Multiplication par 2.

1, 2, 4, 10, 20, 40, 100, 200, 400, 1000, etc.

2° Division par 2.

$$1, \frac{1}{2}, \frac{1}{4}, \frac{1}{10}, \frac{1}{20}, \frac{1}{40}, \frac{1}{100}, \frac{1}{200}, \frac{1}{400}, \frac{1}{1000}, \text{ etc.}$$

3° Fractions octavales correspondant à ces divisions :

1, 0,4, 0,2, 0,1 ; 0,04, 0,02, 0,01 ; 0,004, 0,002, 0,001 ; etc.

» Ces trois séries démontrent que la base HUIT présente ici un triple avantage que l'on chercherait en
vain dans les deux autres (DIX et DOUZE) et qui est,
sans contredit, bien supérieur à celui dont nous venons de parler. L'on voit que pour convertir les
fractions ordinaires par DEUX en fractions octavales,
il suffit de faire disparaître les dénominateurs des
premières et de remplacer ensuite successivement
dans les dénominateurs le chiffre 2 par le chiffre 4,
le chiffre 4 par le chiffre 2, et de déplacer les zéros
en supprimant celui ou ceux qui suivent le chiffre 1.

» Si donc les divisions exactes des puissances de
DIX et de DOUZE sont plus nombreuses, celles de la
base HUIT s'opèrent avec une bien plus grande facilité.
Il est donc vrai que sous le rapport de la divisibilité
des nombres, l'avantage est, en réalité, du côté de
cette dernière base...

» Pour mettre à découvert l'énorme différence qui
existe à cet égard entre les deux numérations décimale et octavale, nous allons placer en regard les
unes des autres les multiplications et les fractions
binaires de l'unité dans chacune de ces numérations.
Tel est l'objet du tableau suivant :

TABLEAU

REPRÉSENTANT LES MULTIPLICATIONS ET LES FRACTIONS BINAIRES DE L'UNITÉ

Multiples binaires	décimaux	1	2	4	8	16	32	64	128	256	512
	octavaux.	1	2	4	10	20	40	100	200	400	1000
Fractions binaires	décimales. . ordinaires. .	1	$\frac{1}{2}$	$\frac{1}{4}$	$\frac{1}{8}$	$\frac{1}{16}$	$\frac{1}{32}$	$\frac{1}{64}$	$\frac{1}{128}$	$\frac{1}{256}$	$\frac{1}{512}$
	pures.	1	0,5	0,25	0,125	0,0625	0,03125	0,015625	0,0078125	0,00390625	0,001953125
	octavales. . ordinaires. .	1	$\frac{1}{2}$	$\frac{1}{4}$	$\frac{1}{10}$	$\frac{1}{20}$	$\frac{1}{40}$	$\frac{1}{100}$	$\frac{1}{200}$	$\frac{1}{400}$	$\frac{1}{1000}$
	pures.	1	0,4	0,2	0,1	0,04	0,02	0,01	0,004	0,002	0,001

Comme nous l'avons dit, et ainsi que M. Collenne le démontre d'ailleurs jusqu'à la dernière évidence, la base DIX appliquée à un système complet de poids et mesures est ridicule, absurde, impossible, bien qu'elle soit à peu près irréprochable appliquée au système général de la numération. La base DEUX, excellente, la meilleure de toutes, pour un système complet de poids et mesures, est, à son tour, d'une application impossible au système général de la numération, ainsi que nous l'avons démontré d'après notre docte maître (1). Aucune des deux n'est donc acceptable sous ce double rapport; et il faut cependant, pour qu'elle soit facilement acceptée, qu'une seule et même base serve d'appui aux deux systèmes, de la numération, d'un côté, et des poids et mesures, de l'autre.

Appliquée au système général de la numération, la base HUIT, bien préférable, comme on vient de le voir, à la base DIX et même à la base DOUZE, puisque, n'exigeant l'emploi que d'un seul chiffre de plus que la première pour l'expression de termes extrèmement élevés de la série naturelle, et dont les sciences les plus délicates elles-mêmes ne trouveraient pas l'usage, elle permet de réaliser à l'infini au moyen d'un seul chiffre significatif la multiplication et la division binaires, de toutes les plus ordinaires, les plus fréquemment employées.

1) Nous n'avons pas l'honneur de connaître personnellement M. Collenne, mais c'est à son livre *le Système octoral*, mis sous notre main par le hasard en 1846, que nous sommes redevables de ce que nous savons en théories mathématiques. Il nous a ouvert les yeux sur cette science en nous la montrant en philosophe. Qu'il daigne agréer ici l'expression de notre gratitude sincère et profonde.   V. DE JOZEL.

Les opérations usuelles de l'arithmétique, addition, soustraction, multiplication et division, sont indépendantes, on le sait, de la base sur laquelle s'appuie le système général de la numération et se réalisent avec toutes les bases par des procédés identiques. Toutefois, les deux dernières, qui ne sont, du reste, que des méthodes particulières d'effectuer les deux autres, on le sait encore, trouveraient par l'adoption de la base huit, une simplification singulière. En effet, la connaissance positive de la table de Pythagore, ce monstre à quatre-vingt-une têtes, et à qui la plupart des traités d'arithmétique dont on se sert dans les établissements de second ordre en donnent sottement cent quarante-quatre, même dans la base dix et qui sous ces deux aspects fait le désespoir et l'effroi de nos pauvres enfants, la connaissance positive de cette table est la clef de voûte des deux dernières opérations, multiplication et division. Or, en la réduisant à ses seuls, à ses véritables éléments, en lui restituant surtout sa figure originaire, celle d'un angle formé de la réunion de plusieurs autres, dans chacun desquels le sommet est occupé par un produit et les côtés par ses facteurs premiers, elle devient, avec la base huit :

	2	3	4	5	6	7
2	4	6	10	12	14	16
3		11	14	17	22	25
4			20	24	30	34
5				31	36	43
6					44	52
7						61

et ne contient, comme on le voit, que les vingt-et-un produits résultant de la combinaison par voie de multiplication des sept termes de la première section. Mais c'est surtout dans les progressions géométriques dont la raison est 2, ou même une des puissances quelconques de ce nombre, que cette base produit des merveilles de simplification. Laissons, à cet égard, parler M. Collenne :

« Les opérations qui seraient fondées sur la multiplication ou la division binaires, ou, pour mieux dire, toutes les progressions géométriques qui auraient pour raison le nombre 2 pourraient se réduire dans le système octaval à une telle simplicité que sans le secours des logarithmes — qui d'ailleurs ne sont point à la portée de chacun, — ces opérations se feraient à l'instant même et, pour ainsi dire, sans aucun calcul, quelque élevé que puisse être le nombre des termes de la progression, ascendante ou descendante. Pour obtenir le dernier terme de ces progressions, il suffirait, d'une part, d'ajouter au nombre donné un nombre de zéros égal à celui des termes de la progression divisé par 3, et, d'autre part, de reculer la virgule d'un nombre de chiffres égal à celui de ces mêmes termes, aussi divisé par 3. Si le nombre des termes n'était pas exactement divisible par 3, on suivrait la marche ordinaire pour le premier ou pour les deux premiers termes de la progression, ou, plus simplement, on multiplierait ou l'on diviserait d'abord le nombre donné par 2 ou par 4, suivant qu'il serait resté 1 ou 2 dans la division par 3, puis on ajouterait au résultat autant de zéros ou l'on en retrancherait autant de chiffres qu'on aurait trouvé d'unités simples dans cette division. Ceci est facile à saisir. Multiplier un nombre quelconque par **2**, puis le produit par **2**, puis le produit de ce produit également par **2**, c'est comme si on le multipliait tout d'abord par 10 (8), puisque **2** fois **2** font 4 et que **2** fois 4 font 10 (8). Mais cette opération se ferait en ajoutant un zéro au nombre donné.

» Si l'on soumet ensuite ce résultat à la multiplication par **2** répétée trois fois, c'est encore comme si l'on multipliait ce résultat par **10** (8); mais la nouvelle opération se ferait également en ajoutant un zéro. Il en serait toujours de même en avançant dans la progression, c'est-à-dire que sur trois multiplications par **2**, il y aurait lieu d'ajouter un zéro au nombre donné. C'est donc comme si l'on ajoutait de suite à ce nombre une quantité de zéros égale au tiers des multiplications à faire. La division par 10 (8) s'opérant en sens inverse, c'est-à-dire en reculant la virgule d'un chiffre, on conçoit que l'opération se pratiquerait plus facilement encore, et qu'il suffirait, pour atteindre le dernier terme de la progression descendante, de reculer la virgule d'autant de chiffres qu'on aurait trouvé d'unités dans la division par 3.

» Supposons maintenant qu'il s'agisse de résoudre le problème de Sessa, ce problème si connu et qui n'en étonne pas moins toujours par ses résultats. Cet inventeur du jeu des échecs a demandé, en récompense, un grain de blé pour la première case de l'échiquier, deux pour la seconde, quatre pour la troisième, et ainsi de suite, en doublant toujours jusqu'à la soixante-quatrième et dernière case. On veut savoir à combien s'élèverait le nombre des grains de blé demandés. Dans le procédé ordinaire et pour parvenir au dernier terme de cette progression, il faudrait soumettre l'unité simple à soixante-trois multiplications par deux, ce qui exigerait un temps démesuré. Eh bien, au lieu de procéder ainsi, il suffira d'ajouter à cette unité un nombre de zéros égal au tiers de soixante-trois, c'est-à-dire vingt-et-un. Le dernier terme de la progression serait donc formulé ainsi qu'il suit dans le système octaval (c'est-à-dire avec la base HUIT) :

$$1000000000000000000000 \ (1)$$

» Maintenant si l'on veut connaître la somme de tous les termes de la progression, rien n'est encore

1) Écrit avec la base DIX, ce nombre devient :

$$9223372036854775808.$$

« Un amateur du jeu des échecs, » dit un de nos amis, M. Eugène Chapus, dans son livre si spirituel et si intéressant *le Sport à Paris*, « s'est donné le *patient* plaisir de résoudre ce problème dont il a fait sentir toute l'énormité à l'aide de diverses combinaisons. Le kilogramme contient en froment 20480 grains, le total de tous les grains (1) pèserait donc 450359962737049 kilogrammes. Ils reviendraient, au prix de douze francs l'hectolitre, à 6755399441410556 francs.

« Un roulier chargeant 8,000 kilogrammes, il lui faudrait pour voiturer ce nombre d'hectolitres 542949953342 chariots. Un chariot attelé ayant une longueur d'environ 20 mètres, ces chariots, marchant à la suite l'un de l'autre, donneraient une ligne de 41258999006840 mètres ou 284474976 lieues.

« En comptant 100 grains par minute, 6,000 par heure, 90,000 par

(1) Non pas de tous les grains mais seulement de ceux comptés pour la dernière case de l'échiquier. Pour tous les grains, ce nombre serait le double moins un de celui que mentionne M. Chapus, et que nous avons rapporté ci-dessus. — N. DE L.

plus facile, parce que le dernier terme représente
tous les précédents plus le premier, que l'on compte
ainsi deux fois, et que, dès lors, il suffit pour atteindre
ce but de doubler le dernier terme et de la somme
obtenue retrancher le premier. Et comme, au cas
particulier, le point de départ est l'unité simple et
qu'ainsi la somme de tous les termes précédents est
égale au dernier moins un, il s'ensuit que le nombre
des grains de blé demandé pour les soixante-quatre
cases de l'échiquier se formulerait ainsi dans le
même système :

$$1777777777777777777777 \quad (1).$$

C'est-à-dire qu'il suffirait de convertir en autant de 7
tous les zéros du dernier terme. Il est évident que le
nombre qui serait formé de la réunion de tous ces 7
représenterait le dernier terme moins un, et qu'il

jour, 32850000 par année, il faudrait pour compter tous les grains
280772360330 années.

« Un soldat mangeant 750 grammes de pain par jour, une armée de
500.000 hommes en consommerait 375000 kilogrammes et pourrait
être nourrie pendant 3290301 années. La France consommant
33 millions d'hectolitres par jour serait nourrie pendant 49853 années.
L'Europe consommant 230 millions d'hectolitres serait nourrie pendant 7,000 années.

« Un grain ayant 7 millimètres de longueur, tous les grains donneraient
une longueur de 6456360425798330 mètres ou 161409010644191 lieues
et pourraient faire 1793433451 fois le tour du monde qui est de
9.000 lieues. »

(1) Ce qui donne avec la base dix :

$$18446744073709551615.$$

Remarquez que pour écrire avec la base dix ce nombre énorme, il
ne faut que deux chiffres de plus qu'avec la base six.

suffit ainsi de l'ajouter à ce dernier terme pour obtenir la somme de tous les termes de la progression.

» Pour rendre la démonstration plus claire et plus sensible, nous allons poser un exemple abrégé. Supposons qu'il s'agisse de soumettre l'unité simple à une progression de douze termes, et que l'on veuille connaître exactement et chacun de ces termes et la somme de tous; voici les résultats de ces opérations :

$$
\begin{aligned}
&1\\
&2\\
&4\\
&10\\
&20\\
&40\\
&100\\
&200\\
&400\\
&1000\\
&2000\\
&4000\\
&10000\\
\hline
&17777
\end{aligned}
$$

» Cet exemple démontre bien clairement ce que nous venons d'avancer. On voit que si l'on veut connaître le dernier terme de la progression d'un nombre quelconque par **2**, l'opération se réduit à cette extrême simplicité, qu'il suffit d'ajouter à ce nombre autant de zéros qu'il y a d'unités dans le tiers du nombre des termes de la progression, comme au cas ci-dessus. L'on voit aussi qu'un terme quelconque est égal à la somme de tous les précédents, plus le premier. Si

donc l'on est parti de l'unité, comme au cas ci-dessus, et que l'on veuille ensuite connaître la somme de
tous les termes de la progression, il suffira de remplacer par autant de 7 les zéros ajoutés pour former
le terme le plus élevé, et dans le cas où le nombre des
termes de la progression n'est pas exactement divisible par trois, le premier chiffre à gauche, au lieu
d'être l'unité, se trouve être un 5 ou un 7, suivant
qu'il serait resté 1 ou 2 dans la division du nombre
des termes par 5, comme ce même exemple le dé-
montrerait si le nombre des termes se trouvait réduit
à dix ou à onze.

» Nous avons déjà dit que la division s'opérerait dans
un sens inverse, c'est-à-dire en reculant la virgule d'autant de chiffres qu'il y aurait d'unités dans le tiers du
nombre des termes de la progression. Si l'on voulait
connaître la somme de tous les termes de la progression descendante de l'unité, il faudrait aussi remplacer
par autant de 7 les zéros trouvés dans le dernier
terme, hors le premier, qui serait remplacé par l'u-
nité. L'unité qui terminerait ce dernier terme serait
elle-même remplacée par un 7. Dans le cas où le
nombre des termes de la progression ne serait pas
exactement divisible par 5, le dernier chiffre de la
somme totale serait un 4 ou un 6, suivant qu'il serait
resté 2 ou 1 dans la division des termes par 5. Le résultat serait donc l'unité simple suivie d'autant de 7
qu'il y aurait d'unités dans le tiers du nombre des
termes de la progression, puis, le cas échéant, d'un
4 ou d'un 6. Rendons encore cette démonstration
sensible par un exemple. Supposons qu'il s'agisse

de soumettre l'unité simple à une progression descendante de douze termes. Voici les résultats que cette opération produirait :

$$1$$
$$0,4$$
$$0,2$$
$$0,1$$
$$0,04$$
$$0,02$$
$$0,01$$
$$0,004$$
$$0,002$$
$$0,001$$
$$0,0004$$
$$0,0002$$
$$0,0001$$
$$\overline{}$$
$$1,7777$$

» Il est évident que si le nombre des termes était réduit à onze ou à dix, ou était poussé jusqu'à treize ou quatorze, le premier chiffre de l'addition à droite serait un 4 ou un 6. Ces exemples font ressortir avec quelle étonnante facilité toutes ces opérations auraient lieu. Il faut ajouter, du reste, que si la progression géométrique partant de l'unité simple avait pour raison, au lieu de DEUX, une puissance quelconque de DEUX, chacun de ses termes serait encore exprimé par l'un des chiffres 1, 2 ou 4, précédé ou suivi d'une quantité de zéros plus ou moins grande, puisque ces termes représenteraient des produits de la multiplication ou de la division binaire. »

On comprend que quand M. Collenne se mit à chercher pour un système complet de poids et mesure

une base qui pût être acceptée par tous les peuples de
la terre, non-seulement sans répugnance, mais encore
avec transports, avec reconnaissance pour le génie
qui les en aurait dotés, au lieu de cette malencontreuse base décimale, objet des répulsions invincibles
de tous ceux à qui la législation a vainement tenté de
l'imposer et contre laquelle son esprit, essentiellement
mathématique cependant, est venu se heurter en
vain, on comprend qu'il a dû reconnaître que tout le
mérite de la base DIX appliquée aux poids et mesures
consistant en ce qu'elle était en même temps celle de
la numération presque universellement employée, il
fallait de toute nécessité que la base qu'il proposerait,
infiniment supérieure à l'ancienne sous le rapport
des poids et mesures, le fût aussi sous celui de la
numération. Il comprit, comme nous l'avons déjà
dit, qu'il n'y aurait jamais de système de poids et
mesures admis avec facilité que pour autant que
la base permît de doubler et de diviser commodément par DEUX chaque poids et chaque mesure du
système, en d'autres termes d'en obtenir sans efforts
et jusqu'à l'infini le double et la moitié. De tous les
nombres compris dans la série naturelle, il n'y avait
que le premier (1) et par conséquent le plus simple, ou
bien une de ses puissances, qui permît ce fractionnement et cette duplication. DEUX était impossible comme
base de numération, par les raisons que, d'après
M. Collenne, nous avons fait valoir; il en est de même

______

(1) C'est-à-dire DEUX, car les expressions *nombre* et *collection* étant
synonymes, l'unité n'est point un nombre.

de tout nombre supérieur à douze, par la quantité de chiffres significatifs qu'il introduirait dans les calculs les plus usuels. Quatre avait à peu près tous les défauts de deux; huit était donc la base que l'investigateur était forcé d'adopter. Il en constata bientôt les immenses avantages au point de vue de la numération dont, avec la rare intelligence, la haute sagacité que lui a données la nature et que l'étude et l'observation ont fortifiées, il eut bientôt formulé jusqu'au langage parlé, le langage écrit étant, du reste, le même pour toutes les bases avec les signes sténographiques, sauf la suppression des chiffres significatifs, que l'adoption d'une base inférieure à dix rendrait inutiles ou la création de ceux que l'adoption d'une base supérieure à cette dernière rendrait nécessaires.

Toutefois, nous ne trouvons pas la nomenclature parlée de la numération de M. Collenne à l'abri de tout reproche, et c'est une critique que nous lui soumettons humblement. A part la première section, composée, comme nous l'avons dit, des termes de la série naturelle 1 à 7, qui peuvent garder les noms qu'ils possèdent avec la base dix, puisqu'ils désignent des nombres identiques, et de même formation à l'aide des deux bases, aucune des dénominations employées dans le système à base dix, vulgairement nommé décimal, ne devrait être conservée dans le système à base huit, que M. Collenne appelle octaval, l'une des nomenclatures étant nécessairement destinée à faire oublier l'autre.

Il y a plus. C'est que pour être fidèle au principe

établi par le créateur du système général, les appellations appliquées au même terme dans chacune des
trois premières sections et qui se reproduisent, de
trois en trois, dans toutes les autres, ne doivent
différer entre elles que par un suffixe, comme on
le voit dans le système décimal lui-même à l'égard
de *cinq*, qui devient *cinquante* dans la deuxième section
et *cinq cents* (1) dans la troisième, et il ne faut encore les
différencier les unes des autres que par un nouveau
suffixe et de trois en trois pour toutes les sections
successives, à partir de la quatrième.

Sans doute pour rendre la transition plus facile,
plutôt que par égard pour la routine, M. Collenne a
oublié ou méconnu ces grands principes, dans sa
nomenclature, en conservant au premier terme de la
deuxième section la dénomination que le nombre
qu'il désigne porte dans le système à base dix et
en se bornant à altérer l'articulation initiale des
dénominations adaptées dans ce dernier système aux
premières puissances de la base ainsi qu'à chaque
groupe de trois sections successives, à partir de la
quatrième.

Quoi qu'il en soit, l'admirable travail de M. Collenne sur la numération eût été à peu près inutile,
du moins pour la pratique, si par malheur la base
qu'il avait adoptée n'eût pu servir pour un système
complet de poids et mesures ou même n'eût été que
d'un emploi difficile. Il s'est livré à cet effet à des

(1) Il faut remarquer toutefois que, dans le système à base dix, c'est
un mot et non un suffixe qui détermine, à partir de la troisième section, les appellations adoptées pour la première.

recherches immenses. Il a mis à contribution l'histoire de tous les peuples tant anciens que modernes, il a fouillé leurs usages les plus intimes et nous a révélé des faits très-curieux que cependant les historiens, pour la plupart, ont laissés de côté.

Qu'est-il résulté de ces rudes labeurs pour l'œuvre de M. Collenne? C'est qu'il a trouvé chez presque tous les peuples et dans tous les temps la division binaire ou octavale appliquée au fractionnement des poids et mesures malgré l'existence de la numération décimale; que presque toujours elle a été admise de préférence à toutes les autres et a lutté victorieusement contre la division duodécimale : chez les Grecs, dont le pied se divisait en quatre palmes, huit condiles et seize doigts, et le plèthre ou arpent en quatre ares; qui divisaient leur gramme (poids) en deux oboles et l'obole en quatre dichalques et huit chalques; où l'obole (monnaie de cuivre) se divisait aussi en quatre dichalques ou en huit chalques, et avait son double nommé diobole et son quadruple tétrobole, tandis que la drachme (monnaie d'argent) avait aussi son double et son quadruple, qu'ils nommaient didrachme et tétradrachme;—chez les Romains, où le *modius* se divisait en seize setiers, trente-deux hémines, soixante-quatre quartes et cent vingt-huit acétables; le poids appelé *duella* en deux sextules, quatre demi-sextules, huit scrupules et seize oboles; le *denier* en deux quinarius, quatre sexterces, seize as, trente-deux sembellas et soixante-quatre teruncius; où la valeur de ce denier, d'abord de dix as, fut ensuite portée à seize, « comme pour démontrer, » dit M. Collenne.

« que la division décimale ne peut convenablement s'approprier aux poids et mesures. »

Dans l'ancienne France, comme dans la nouvelle où, malgré les lois sur la matière, on voit encore se diviser aujourd'hui dans toutes les transactions où l'autorité n'intervient pas comme on les divisait avant la révolution de 1789 : la *livre* en deux marcs, seize onces, cent vingt-huit gros ou drachmes; le *carat* en quatre grains, et le *grain* en deux, quatre, seize, trente-deux et soixante-quatre parties; la *canne* ou *toise* en huit empans, soixante-quatre menus, cinq cent douze lignes, quatre mille quatre-vingt seize points; la *gaule* en huit pieds; la *poste* en demi-postes et quarts de postes; le *boisseau* en seize litrons et deux cent cinquante-six mesurettes, le boisseau et le litron se subdivisant d'ailleurs en demies, quarts et huitiè- mes; la *velte* en quatre quarts ou pots, huit pintes, seize chopines, trente-deux demi-setiers, soixante- quatre poissons et cent vingt-huit roquilles; la *mine de sel* en deux minots, huit boisseaux, cent vingt-huit litrons et deux mille quarante-huit mesurettes; où la *corde* de grand bois avait, à Paris, huit pieds de couche sur quatre de hauteur et quatre de profon- deur ou de bûche; où le *pot*, de Lorraine, se divisait en deux pintes, quatre chopines, huit demi-setiers et seize roquilles; où le *résal*, de la même province, se divisait en quatre quartes et huit mines ou imaux; où le *setier* de Castres se divisait en deux émines, huit mégères et trente-deux boisseaux; où la *quarterée*, me- sure agraire, se divisait en quatre quarteronnées, seize boisseaux, deux cent cinquante-six onces; la *sétérée*, autre mesure agraire, en quatre quartes, seize panières, soixante-quatre pauques et mille vingt-quatre cannes carrées; la *charge*, mesure de capacité pour les matières sèches, en quatre émines, huit panaux, trente-deux civadiers et soixante-quatre picotins; la *charge*, pour l'huile, en quatre barals, huit émines, seize quarts ou quartals et cent vingt-huit pots, etc., etc.; — qu'il en est encore de même, pour la plupart de leurs mesures, en Allemagne, en Angleterre, en Bohême, en Danemarck, en Écosse, en Espagne, en Hanovre, en Hollande, en Hongrie, en Italie, en Norvége, en Pologne, en Portugal, en Prusse, en Russie, en Toscane, en Suède, en Suisse, en Turquie et dans le Wurtemberg; en Amérique, aux États-Unis et dans les possessions espagnoles; en Asie, dans les possessions européennes de l'Inde; en Afrique, dans l'Égypte et jusque dans la Barbarie.

Tous les exemples rapportés par M. Collenne, et ils sont on ne peut plus nombreux, ne prouvent-ils pas jusqu'à la dernière évidence que la division binaire des poids et mesures est d'un emploi universel; qu'alors même que les usages populaires semblent avoir consacré le fractionnement duodécimal, c'est encore à la division par DEUX qu'ils ont instinctivement obéi, puisque cette division vient se mêler au fractionnement duodécimal, excepté, peut-être uniquement, dans les subdivisions du *pied*, tandis que ce dernier ne se trouve jamais dans les subdivisions d'une mesure ou d'un poids d'abord divisé par DEUX, par QUATRE ou par HUIT. C'est donc, ainsi que le fait remarquer M. Collenne, une erreur de croire que la division duodécimale était généralement préférée quant aux mesures. Elle ne dominait point dans les anciennes monnaies françaises, comme on se plait à le dire. Les pièces de vingt-quatre, de six et de trois livres n'étaient-elles pas en effet la moitié, le huitième et le seizième de la pièce de quarante-huit livres? Il n'y avait en réalité que le *sou* qui, parmi les monnaies, fût soumis à la division duodécimale; mais le *denier*, son sous-multiple, n'avait pas d'existence matérielle et n'était qu'une monnaie de compte, tandis que le *liard*, sous-multiple octaval du *sou*, était une monnaie réelle dont on fait encore usage aujourd'hui, concurremment avec le *centime*, dans la plupart des transactions du petit commerce.

Non-seulement les lois nouvelles n'ont pu faire oublier en France l'usage, à jamais invétéré dans nos mœurs, de la division binaire appliquée aux poids et mesures et que nous retrouvons à chaque instant usitée dans nos sciences, dans nos arts et jusque dans nos jeux, mais encore elles en ont toléré l'emploi quand elle ne l'ont point prescrit. C'est ainsi qu'à la Bourse, suivant la remarque judicieuse de M. Collenne, on emploie les expressions un *demi*, un *quart*, un *huit*, un *seize* dans toutes les transactions sur les fonds étrangers et que ces fonds y sont cotés par les mêmes fractions, quelle que soit d'ailleurs la division légale des monnaies étrangères. Il en est de même du prix ou de la cote d'un grand nombre de marchandises. Elle est admise dans les opérations du change et pour la fixation des remises aux agents de change, ainsi que dans la fixation du prix de transport de la feuille d'impression et de ses fractionnements aux termes de la loi du 4 thermidor de l'an IV. Le tarif des frais judiciaires y est également soumis; les émoluments attribués aux notaires et aux avoués par l'ordonnance royale du 10 octobre 1841, rendue en exécution de la loi du 2 juin, sont fixés proportionnellement à *un*, un *demi*, un *quart* et un *huitième* pour cent. Les mesures décimales elles-mêmes y ont été soumises jusqu'à la loi du 4 juillet 1857. Le mètre à brisures se divisait en effet matériellement en huit parties égales. L'hectolitre et le kilogramme se divisaient en deux, quatre et huit parties, les tabacs de la régie se vendaient notamment par paquets d'un demi, d'un quart, d'un huitième de kilogramme; actuellement encore, malgré les prescriptions rigoureuses du législateur et la surveillance active de la police, emportés que nous sommes par notre nature, tous, jusqu'à ce marchand d'allumettes chimiques criant à tue-tête dans la rue, au moment où j'écris ceci : « Allumettes chimiques à l'essai, à l'épreuve, QUATRE SOUS le QUART, DEUX SOUS le DEMI-QUART, UN SOU l'ONCE, » nous substituons la division binaire à la décimale dans presque toutes nos transactions.

Le législateur lui-même n'a pas toujours pu s'y soustraire. Ne voyons-nous pas en effet, notamment dans l'ordonnance royale du 11 septembre 1842, relative au service des pompes funèbres à Paris, les expressions *quart* et *huitième* de kilogramme employées dans un grand nombre de divisions. Nos monnaies, toutes décimales qu'elles paraissent, ne sont-elles pas soumises à cette division et à la multiplication par

DEUX. N'avions-nous pas naguère encore des pièces d'un *quart* de franc, et n'avons-nous pas aujourd'hui les pièces d'argent d'un *demi*-franc, d'*un* franc, de *deux* francs et les pièces d'or de *vingt* et de *quarante* francs, tandis qu'en Sardaigne, où notre système monétaire est en usage, on a frappé des pièces d'or de *quatre-vingts* francs.

La marine ne fait-elle pas un usage constant de la rose des vents, se divisant en *quatre* points, subdivisés chacun en *huit* rhumbs, malgré les prescriptions de la loi, qui voulait que chacun des quatre points cardinaux se subdivisât en *dix* parties. N'est-ce pas encore contrairement à ces dispositions que la géométrie a conservé la division du cercle en *quatre quarts*.

Ne retrouvons-nous pas dans l'antiquité, comme dans les temps modernes, cette division employée dans l'art de la guerre et présidant à la composition des armées, depuis la phalange célèbre créée par Philippe de Macédoine et établie par files de *seize* hommes, dont le dernier, nommé serre-files (1), avait le commandement; où deux files formaient une *dilochie*, commandée par un dilochite; deux dilochies, une *tétrarchie*, commandée par un tétrarque; deux tétrarchies, une *taxiarchie*, commandée par un taxiarque; deux taxiarchies, une *xénagie*, dont le commandant était le premier officier placé en dehors des rangs et des files : c'était le capitaine moderne. La xénagie, qui formait un carré de *seize* rangs et de *seize* files, était le plus petit corps sur lequel la phalange

____

(1) C'était le sergent actuel.

pouvait se mettre en colonne; où deux xénagies formaient une *pentécosiarchie*, deux pentécosiarchies une
kiliarchie, deux kiliarchies une *mérarchie*, deux mérarchies une *phalange* simple de *quatre mille quatre-vingt-
seize* hommes. Or, ce nombre est la quatrième puissance de HUIT. Deux phalanges simples formaient une
phalange double ou *diphalangarchie*, et deux phalanges
doubles la grande phalange, ou *tétraphalangarchie*, forte
de *seize mille trois cent quatre-vingt-quatre* hommes,
nombre qui forme une des puissances de QUATRE et
la moitié de *trente-deux mille sept cent soixante-huit*, cinquième puissance de HUIT.

Chez les Grecs, l'escadron était composé de soixante-
quatre hommes, c'était la dernière subdivision de cavalerie. Il se formait par files de *seize* de front sur
quatre de profondeur, ou bien encore de *huit* dans tous
les sens, ce qui établissait un carré parfait. « Les
chefs appelés au commandement des troupes, dit
l'abbé Barthélemy dans son *Voyage du jeune Anacharsis*,
ont sous leurs ordres *cent vingt-huit* hommes, *deux cent
cinquante-six, cinq cent douze, mille vingt-quatre*, suivant
une proportion qui n'a point de bornes en montant et
qui en descendant aboutit à un terme que l'on peut
regarder comme l'élément des différentes divisions
de la phalange. Cet élément est la file, quelquefois
composée de *huit* hommes, plus souvent de *seize*.
Chaque régiment est composé de *quatre* bataillons, de
huit pentécosties et de *seize* énomoties ou compagnies.
En certaines occasions, au lieu de faire marcher tout
le régiment, on détache quelques bataillons, et alors,
en doublant, en quadruplant leurs compagnies, on

porte chaque bataillon à *deux cent cinquante-six* ou même à *cinq cent douze* hommes.

La dernière subdivision de cavalerie chez les Romains était la compagnie ou le turme; il était composé de *trente-deux* cavaliers réunis sous le même étendard. D'après Végèce, il comprenait *huit* files de *quatre* hommes. Les escadrons d'Annibal, forts de *soixante-quatre* cavaliers, se disposaient sur *quatre* rangs de *seize* hommes; ceux de Gustave-Adolphe, dans des temps bien plus rapprochés de nous, étaient aussi de *soixante-quatre* hommes.

Malgré les variations qu'ils subirent, les régiments, sous Napoléon, général en chef, consul ou empereur, conservèrent une organisation basée sur les mêmes principes. Comme le remarque M. Collenne, d'après la loi du 25 messidor an VII, chaque bataillon d'infanterie comprenait *huit* compagnies de fusiliers. Toujours, et dans tous les cas, chaque compagnie a compté *quatre* sergents et *huit* caporaux. Aux termes des décrets du 10 mars 1807 et du 24 décembre 1809, chaque régiment de cavalerie était composé de *quatre* escadrons et de *huit* compagnies, et il y avait dans chacun d'eux *huit* capitaines, *huit* lieutenants, *huit* ou *seize* sous-lieutenants, *trente-deux* maréchaux-des-logis et *soixante-quatre* brigadiers. Cette organisation n'a, pour ainsi dire, pas changé. Aujourd'hui une brigade se compose de deux régiments. On sait que sous la République il en était déjà ainsi et que le régiment se nommait demi-brigade. Un régiment d'infanterie au grand complet se compose de *quatre* bataillons. Chaque bataillon de guerre com-

prend *huit* compagnies ayant chacune *quatre* sergents
et *huit* caporaux. C'est donc ainsi que, dans l'art de la
guerre comme dans ceux que la paix fait fleurir, dans
les jeux où notre esprit se délasse de pénibles travaux, se retrouve appliquée sous toutes les formes la
division binaire ou plutôt octavale, comme le fait
remarquer M. Collenne et comme nous l'avons dit
d'après lui. La musique, où l'*octave* joue un si grand
rôle, ne nous offre-t-elle pas dans ses mesures la
division binaire et la ternaire, dans laquelle la subdivision binaire prédomine toujours, et n'a-t-elle pas
conservé jusque aujourd'hui ses notes, créées par Jean
de Muris dans le quatorzième siècle, avec les valeurs
qu'il leur a attribuées, d'après lesquelles, sauf la
première et la dernière, chacune est la moitié de celle
qui précède et le double de celle qui suit? D'où il
résulte que la ronde vaut *deux* blanches, *quatre* noires,
huit croches, *seize* doubles-croches, *trente-deux* triples-
croches, *soixante-quatre* quadruples-croches et ainsi de
suite. L'imprimerie n'obéit-elle pas aussi à cette puissance, à laquelle il semble que rien de ce qui nous
entoure ne doive échapper, avec ses *in-plano* d'une
feuille de deux pages, ses *in-folio* de quatre, ses *in-
quarto* de huit, ses *in-octavo* de seize, ses *in-seize* de
trente-deux, ses *in-trente-deux* de soixante-quatre et
ses *in-soixante-quatre* de cent vingt-huit? De tous ces
formats, l'*in-octavo* n'est-il pas le plus ordinaire? tandis
que l'*in-douze* se retrouve à peine et que l'*in-dix* n'a
pas de raison d'être et n'existe pas en effet.

« Des surfaces géométriques, les plus usitées ne
sont-elles pas celles où les angles qui les terminent

sont au nombre de *quatre* ou de *huit?* C'est surtout
le quadrilatère, cette surface à quatre côtés et à
quatre angles, et parmi ses espèces le rectangle et le
carré que nous voyons fourmiller dans tous les ouvrages de l'homme. La maison que vous habitez, la
porte qui vous y conduit, la chambre que vous occu-
pez, la fenêtre qui vous éclaire, le plancher sur lequel vous marchez, le livre que vous lisez et toutes
ses pages, la lettre que vous écrivez, le cadre qui
renferme votre portrait, la glace où vous vous mirez,
le lit où vous reposez, presque tous les meubles dont
vous faites usage, et, au dehors de chez vous, les rues
et les champs que vous parcourez, tout ce qui vous
touche et vous entoure, en un mot, représente des
quadrilatères, rectangles ou carrés. Quelque lieu
que vous occupiez, jetez les yeux autour de vous, et
vous les verrez paraître de toutes parts. Ils vous frappent dans le plus petit comme dans le plus grand
objet. L'homme s'y attache à un tel point qu'il les
représente et les multiplie dans toutes ses œuvres.
L'octogone, quoique moins répandu, joue aussi un
rôle qui ne manque pas d'importance. L'homme a une
telle prédilection pour toutes ces formes régulières,
qu'elles s'identifient pour ainsi dire avec son existence et qu'elles constituent pour lui une seconde nature. Voyez les papiers de tenture, les dessins des
tissus, les dispositions de l'architecture, les produits
de tous les arts en un mot, vous y remarquerez des
quadrilatères et des octogones, des figures à quatre
ou huit pans ou branches, des formes de toute espèce
divisées en quatre ou huit ou seize parties, des

rosaces qui rayonnent ou se développent suivant la même progression. Tous les chars ont deux ou quatre roues. Presque tous les parapluies ou parasols sont formés de huit branches. Une foule d'objets de toute nature se composent de quatre ou de huit parties.

» Parcourez la place de la Concorde à Paris, l'une des plus belles de l'univers; visitez l'admirable cathédrale de Strasbourg, la plus haute tour du monde; la magnifique tour de porcelaine de Nanking; l'ancienne église du Saint-Sépulcre, élevée sur les lieux mêmes où se sont accomplis les mystères de la religion chrétienne; et, pour remonter jusque dans l'antiquité la plus reculée, la fameuse tour de Bélus, que l'on voyait encore du temps d'Hérodote et qui avait été bâtie sur les ruines mêmes de la tour de Babel; dans l'ordonnance des monuments, dans la disposition des parties destinées à les constituer, dans les ornements disposés pour les embellir, dans le nombre des prêtres appelés à les desservir, partout vous retrouverez des applications plus ou moins parfaites de la division ou de la multiplication octavale.

» Si nous nous reportons maintenant aux objets en apparence les plus futiles, ne verrons-nous point encore cette admirable numération produire ses effets dans le jeu de cartes, dans le jeu de dominos, dans le jeu de dames et surtout dans le jeu des échecs?

» Toutes les langues ne fourmillent-elles pas d'expressions empruntées à cette numération, et qui semblent destinées à en rappeler les éléments (1)? »

Quelque désir que nous en ayons, il nous est im-

____

(1) *Le Système octaval*, chapitre III.

possible de suivre notre savant auteur dans toutes les recherches auxquelles il s'est livré, de rapporter les faits si nombreux qu'il a constatés pour prouver que la numération par huit, inhérente à notre nature, se révèle dans tous nos actes, parce qu'elle semble n'être, après tout, qu'une inspiration de la suprême intelligence.

L'Être des êtres ne paraît-il pas s'y être conformé lui-même, lorsqu'en jetant les mondes planétaires dans l'espace, il les y a distribués de telle sorte que leurs distances au soleil soient les termes d'une progression géométrique dont la raison serait DEUX? Pourrait-on s'étonner encore après cela de ce que les nombres HUIT et SEPT, véritable base de la numération octavale, ainsi que nous l'avons indiqué, aient chez tous les peuples du monde antique un caractère mystérieux et sacré? Que ceux de nos lecteurs qui seraient désireux d'enseignements plus complets sur cette matière importante ouvrent le livre de M. Collenne, et ils y trouveront tous ceux qui peuvent résulter d'une rare sagacité, d'une science profonde, d'une immense érudition.

Mais ce n'eût pas été assez de prouver, jusqu'à la dernière évidence, qu'en adaptant la base HUIT à la numération et aux poids et mesures les peuples ne feraient que revenir aux instincts de leur nature, à des habitudes que rien n'a pu faire oublier, il fallait créer le système tout entier. A cet égard, M. Collenne a tout simplement produit un chef-d'œuvre d'agencement, d'ordre et de régularité.

En effet, après avoir démontré, en quelques pages,

toute l'imperfection, toute la bizarrerie, toute l'impuissance de ce pauvre système décimal ou métrique, qui n'a jamais pu se suffire à lui-même et dans lequel tout est faux, jusqu'à sa base, puisqu'il est aujourd'hui universellement reconnu qu'il s'est glissé une erreur de soixante-huit tierces, quarante-trois centièmes, en moins, dans la détermination de l'arc du méridien compris entre Montjouy et Formentera, ce qui établit dans la longueur du mètre un déficit de soixante-dix-neuf millièmes de ligne ou un cinquième de millimètre à peu près; après avoir démontré l'incohérence de ce système, vicieux jusque dans sa nomenclature, bien qu'on ait cru faire merveille en l'empruntant au grec et au latin, et prouvé qu'il eût été beaucoup plus rationnel d'emprunter l'étalon ou le point de départ, non pas au méridien, mais à l'équateur terrestre. M. Collenne adopte la même base, c'est-à-dire le méridien, pour ne pas trop choquer les usages; mais il la prend, avec bien plus de raison, dans la moitié de cette circonférence. La portion qu'il choisit en est, d'après la base huit, la 100000000ᵉ partie ou, ce qui revient au même, la 16777216ᵉ dans le système à base dix. Or, aux termes mêmes de la définition, la moitié du méridien terrestre égale en style décimal 20000000 de mètres. Mais si l'on divise dans le même système ce nombre par 16777216, on trouve pour résultat 1,192, c'est-à-dire, à quatre millimètres près, la longueur de l'ancienne aune de Paris, qui était de 1ᵐ,188; c'est aussi, à un millimètre près, l'ancienne aune de Bordeaux et celle des colonies françaises, dont la longueur était de 1ᵐ,191

En présence d'un résultat aussi inespéré, aussi providentiel, aussi miraculeux, n'aurait-on pas quelque raison de supposer que l'ancienne aune de Paris, et surtout de Bordeaux, n'était pas autre chose elle-même qu'une portion déterminée du méridien terrestre ? Empressons-nous de dire que dans toutes les mesures adoptées par lui, M. Collenne a eu le même bonheur, et que chacune d'elles offre, à très-peu de chose près, la longueur de celles qui en France, avant l'adoption du système décimal ou métrique, et dans la plupart des pays que nous avons mentionnés plus haut, ont été ou sont encore en usage ; que presque toujours elles portent les mêmes noms, que M. Collenne leur restitue ou plutôt leur conserve. Nous allons du reste en donner le tableau tel qu'il l'a formulé. On verra mieux, d'un seul coup d'œil, l'ensemble admirable qu'il présente.

TABLEAU DES MESURES OCTAVALES.

NOMS DES MESURES	VALEUR COMPARATIVE d'après LA NUMÉRATION OCTAVALE.	VALEUR exprimée en mesures actuelles d'après la numération décimale.
		mètres.
La lieue,	10000 aunes ou mètrens....	4882,432
La course....	1000 aunes,..	610,304
La portée	100 aunes,..	76,288
La perche	10 aunes,..	6,526
L'aune ou métron ...	1 } Unité fondamentale 100000000° partie de la moitié du méridien terrestre.	1,192
La main,	0,1 de l'aune,	0,1490
Le doigt,	0,01 de l'aune ...	0,0186
La ligne.	0,001 de l'aune ...	0,0023
Le point.	0,0001 de l'aune	0,0003

MESURES DE LONGUEUR

NOMS DES MESURES	VALEUR COMPARATIVE d'après LA NUMÉRATION OCTAVALE	VALEUR EXPRIMÉE EN mesures actuelles d'après la numération décimale
M. DE SURFACE		*mètres*
L'arpent	Portée carrée	8,108
La perche	100ᵉ de l'arpent	0,909
L'aune	1000ᵉ de l'arpent	0,014
M. DE SOLIDITÉ		*stères*
Le toison	10 voies	13,552
La voie	1 aune cube	1,694
Le solide	0,1 de la voie	0,211
Le soliveau	0,01 de la voie	0,026
M. DE CAPACITÉ		*litres*
Le muid	1000 gallons (aune cube	1694,0124
La charge	100 gallons	211,7516
La mesure ou boisseau	10 gallons	26,4689
Le gallon ou picotin	1 gallon (main cube	3,3086
La chopine	0,1 du gallon	0,4136
La mesurette	0,01 du gallon	0,0517
La cuillerée	0,001 du gallon	0,0064
POIDS		*kilog.*
Le laste	1000 graves	1694,0124160
La tonne	100 graves	211,7514020
Le miquintal	10 graves	26,4689440
Le grave	1 (poids d'une main cube d'eau distillée	3,3086480
La livre	0,1 du grave	0,4135772
Le miquart	0,01 du grave	0,0416971
Le sicle	0,001 du grave	0,0041621
L'obole	0,0001 du grave	0,0008078
Le rutier	0,00001 du grave	0,0001009
La mite	0,000001 du grave	0,0000120
Le soupçon	0,0000001 du grave	0,0000016
MONNAIES		*francs*
Le sicle	Pièce d'argent du poids d'un sicle	1,2002
Le gros	0,1 du sicle	0,1375
L'as	0,01 du sicle	0,0194
Le denier	0,001 du sicle	0,0025
MESURES DE TEMPS		*ans*
Le cycle	100 années	64
L'octaride	10 années	8
L'année	1	1
		mois
Le mois	0,1 de l'année	$1\frac{1}{2}$
		jour
Le jour	1	1
		heures
La longue	0,1 du jour	3
		minutes
L'heure	0,01 du jour	22,5000000
Le bref	0,001 du jour	2,8125000
La pause	0,0001 du jour	0,3515625
La prime	0,00001 du jour	0,0439453
La seconde	0,000001 du jour	0,0068664
La tierce	0,0000001 du jour	0,0001073
La quarte	0,00000001 du jour	0,0000017

NOMS DES MESURES	VALEUR COMPARATIVE d'après LA NUMÉRATION OCTAVALE	VALEUR EXPRIMÉE EN mesures actuelles d'après la numéra-tion décimale
		degrés
CERCLE { L'octant..............	0,1 du cercle............	45
Le grade.............	0,001 du cercle...........	0,70312500
La prime.............	0,00001 du cercle........	0,01098632
La seconde...........	0,0000001 du cercle......	0,00017166
La tierce.............	0,000000001 du cercle....	0,00000268
La quarte............	0,00000000001 du cercle..	0,00000104

Ce tableau, dans lequel on peut embrasser d'un regard toutes les magnificences du système créé par M. Collenne, pourrait être trois fois plus étendu. En effet pour qu'il en fût ainsi, il eût suffi à l'auteur de donner à chaque mesure et à chaque poids son double et sa moitié, et ces poids et ces mesures auxiliaires offriraient l'avantage précieux de représenter en même temps le quart de l'individu qui se trouve, dans le tableau, être immédiatement supérieur à celui dont ils seraient le double. Par suite, chaque poids et chaque mesure du tableau et du système aurait sa moitié et son quart, son double et son quadruple, ou plutôt chaque individualité de poids ou de mesure figurant dans le tableau triplé, sauf la première et la dernière, serait moitié de celle qui la précéderait et double de celle qui la suivrait immédiatement, secours énorme, immense, inappréciable que l'on chercherait vainement dans un tout autre système, et notamment dans le décimal ou dans le duodécimal. Il en résulterait encore cet autre avantage, tout aussi précieux, que l'on pourrait toujours établir tel poids ou telle mesure du système avec des

mesures ou des poids inférieurs, en quantité suffi-
sante, facilité que ne présente non plus aucun
autre système. En créant ce merveilleux système
octaval, c'est donc tout simplement le comble de
la perfection que M. Collenne a atteint du premier
coup. Le tableau complet de la série binaire appliquée aux monnaies octavales mettra dans tout son
jour cette éclatante vérité. Nous l'extrayons, comme
le précédent, de l'ouvrage de M. Collenne.

TABLEAU DES MONNAIES OCTAVALES.

NATURE ET VALEUR DE CHAQUE PIÈCE	POIDS	VALEUR EXPRIMÉE EN FRANCS d'après la numération décimale.	
		fr.	c.
Pièce d'or de 100 sicles..............	4 sicles ou 1 once.........	80	64
— de 40 —	2 sicles, $\frac{1}{2}$ once...... ..	40	32
— de 20 —	1 sicle, $\frac{1}{4}$ d'once....	20	16
— de 10 —	4 oboles, $\frac{1}{2}$ sicle	10	08
Pièce d'argent de 4 sicles...........	4 sicles, 1 once.......	5	04
— de 2 —	2 sicles, $\frac{1}{2}$ once......	2	52
— de 1 —	1 sicle, $\frac{1}{4}$ d'once.....	1	26
— de 4 gros, $\frac{1}{2}$ sicle.....	4 oboles, $\frac{1}{2}$ sicle	0	63
— de 2 gros, $\frac{1}{4}$ de sicle .	2 oboles, $\frac{1}{4}$ de sicle...	0	32
Pièce de cuivre de 1 gros............	4 sicles, 1 once.......	0	16
— de 4 as, $\frac{1}{2}$ gros........	2 sicles, $\frac{1}{2}$ once......	0	08
— de 2 as, $\frac{1}{4}$ de gros.....	1 sicle, $\frac{1}{4}$ d'once.....	0	04
— de 1 as..............	4 oboles, $\frac{1}{2}$ sicle......	0	02
— de 4 deniers, $\frac{1}{2}$ as....	2 oboles, $\frac{1}{4}$ de sicle...	0	01

Ainsi que l'auteur le fait remarquer, « au moyen
de pièces simples, doubles et quadruples, il y aurait
deux manières de représenter les nombres 2 et 5,

quatre de représenter les nombres 4 et 5, six d'exprimer les nombres 6 et 7. » Quel serait donc, soit dans le passé, soit dans l'avenir, le système créé ou à créer qui pourrait offrir des chances d'acceptation, des garanties de durée égales à celles-là?

Bien plus difficile que nous pour son œuvre, et critique sévère de son système, bien qu'il l'ait, selon nous, complété au delà de tout ce qu'il était possible de désirer, en rappelant dans sa nomenclature les poids et les mesures les plus usités dans le monde ancien ou nouveau, avec leurs dénominations (car les doubles et les moitiés dont nous avons parlé tout à l'heure pourraient fort bien reprendre les noms de *poste, toise, pied, solive, velte, litron, roquille, quintal, tonneau de mer, once, gros* (poids), *grain, sou, olympiade*, si connus et si populaires) et leurs poids, ou leur contenance, ou leur étendue, car toutes elles expriment, à deux ou trois millièmes près, celles qui portaient le même nom dans l'ancienne France et qui le portent encore aujourd'hui chez presque tous les peuples de la terre, M. Collenne aurait voulu prendre l'étalon prototype de son système non pas dans la moitié du méridien, mais dans le méridien tout entier, ce qui, doublant la longueur de cet étalon, donnerait alors la double aune ou la *toise*, représentant la 100000000ᵉ (16777216ᵉ) partie du méridien terrestre. Cependant il préférerait encore, dans ce cas, faire jouer ce rôle important à la double main ou plutôt au *pied*, parce qu'il serait plus maniable, plus usuel, plus facilement compris. Ce dernier étalon, représentant l'espace parcouru, en longueur, par la terre dans sa révolution diurne pendant une tierce octavale, serait tout simplement, par sa longueur et par son nom,

IDENTIQUEMENT LE MÊME

que l'ancien pied français de onze pouces et que l'ancien pied de Pologne, valant comme lui $0^m,298$, et ne différerait que de **2** millimètres du pied grec, qui mesurait $0^m,5$, ainsi que du pied usité en Bavière, en Hanovre, en Suisse, en Autriche, en Bohême, en Sicile, dans le duché de Nassau, dans ceux de Bade et de Nurenberg, au Brésil et en Angleterre; que l'on retrouve dans les nombreuses possessions britanniques, aux États-Unis et en Russie; lequel varie en longueur de 0,292 à 0,555. Du reste l'adoption de ce nouvel étalon n'apporterait de changement que dans les mesures de longueur et de superficie.

Toutefois, il serait infiniment plus rationnel aux yeux de M. Collenne et aux nôtres d'adopter pour base de l'étalon de ce merveilleux système non pas le méridien, essentiellement variable dans sa longueur, à cause des aspérités que présente notre sphéroïde, et différent pour chaque lieu, mais bien l'équateur terrestre, nécessairement un, fixe, invariable, le même pour tous les lieux et qui a l'avantage immense d'être la circonférence sur laquelle s'effectue le double mouvement de la terre. D'après des calculs à peu près sûrs, sa longueur approximative est de 40059948 mètres. En adoptant pour base ou pour étalon du système de M. Collenne la 100000000^e (16777246e) partie de cette longueur, voici ce que deviendrait le tableau que nous avons donné tout à l'heure. C'est encore à M. Collenne que nous empruntons celui-ci.

TABLEAU DES MESURES OCTAVALES QUI AURAIENT POUR BASE L'ÉQUATEUR TERRESTRE.

NOMS DES MESURES	VALEUR COMPARATIVE d'après LA NUMÉRATION OCTAVALE	VALEUR EXPRIMÉE EN mesures actuelles d'après la numération décimale
ÉQUATEUR		mètres
L'équateur	Base fondamentale	40050948 00000
L'octant	10e de l'équateur	5007493,50000
Le grade	100e de l'équateur	78242,08594
La prime	1000e de l'équateur	1222,53259
La seconde	1000000e de l'équateur	19,10207
La tierce	1000000000e de l'équateur	0,29847
La quarte	10000000000e de l'équateur	0,00466
MESURES LINÉAIRES		
La poste	100000 pieds, 10e du grade	9780,26074
Le mille	10000 pieds	1222,53259
Le stade	1000 pieds	152,81657
La chaîne	100 pieds	19,10207
La toise	10 pieds	2,38776
LE PIED	1 (étalon prototype 1000000000e de l'équateur)	0,29847
Le pouce	10e du pied	0,03731
La marque	100e du pied	0,00466
Le trait	1000e du pied	0,00058
M. de SURFACE		ares
Le journal	10 chaînées	29,191
La chaînée	Chaîne carrée	3 649
La toisée	Toise carrée, 100e de la chaînée	0,037
M. de SOLIDITÉ		stères
Le toison	Toise cube	13,614
La voie	10e du toison	1,702
Le solide	100e du toison	0,213
Le soliveau	1000e du toison	0,027
MESURES de CAPACITÉ		litres
Le muid	100 mesures ou boisseaux	1701,6936
La charge	10 mesures	212,7117
La mesure ou boisseau	Pied cube	26 5890
Le gallon ou picotin	10e de la mesure	3,3236
La chopine	100e de la mesure	0,4154
La mesurette	1000e de la mesure	0,5193
La cuillerée	10000e de la mesure	0,0065
POIDS		kilog.
Le laste	100000 gravets ou miquarts	1701,6936410
La tonne	10000 gravets	212 7117051
Le miquintal	1000 gravets	26,5889631
Le grave	100 gravets	3 3236204
La livre	10 gravets	0,4154523
Le gravet ou miquart	Poids d'un pouce cube d'eau d'suiler)	0,0319316
Le sicle	10e du gravet	0,0064914
L'obole	100e du gravet	0,0008114
Le rutec	1000e du gravet	0,0001014
La mite	10000e du gravet	0,0000127
Le soupçon	100000e du gravet	0,0000016
MONNAIES		francs
Le sicle	Pièce d'argent du poids d'un sicle	1.2668
Le gros	10e du sicle	0,1583
L'as	100e du sicle	0,0198
Le denier	1000e du sicle	0,0025

A l'aspect de ces faits étonnants, sublimes dans leur concordance et dans leur simplicité, et qui viennent ressusciter, comme par enchantement, des habitudes rationnelles consacrées par des milliers d'années et trop brusquement dédaignées, il y a soixante ans à peine, pour le culte d'une divinité bâtarde, aux pieds d'argile, quelle objection pourrait-il rester aux sectateurs, quand même, de ce monstrueux système décimal ou métrique, si ce n'est peut-être le mérite de leur nomenclature, dans laquelle l'appellation de chaque mesure ou de chaque poids désigne par elle-même, à ce qu'ils disent, sa longueur ou sa contenance? Mais ils n'ont sans doute pas réfléchi qu'à cet égard même, tout chez eux est absurde et faux, puisque si à la vérité, dans les mesures linéaires, ces appellations expriment en effet le rapport exact des mesures ou des poids entre eux, il n'en est plus ainsi pour les mesures de surface ou de solidité (1).

Quoi qu'il en soit, l'œuvre de M. Collenne fut l'objet d'un examen attentif pour la presse quotidienne. Plus de vingt journaux l'ont analysée avec soin, et tous n'ont trouvé que des éloges à lui adresser, si l'on excepte toutefois *la Phalange*, qui le condamne pour sa trop grande simplicité et met au-dessus du système octaval le duodécimal qu'elle préconise. Mais le *Moniteur*, le *Siècle*,

---

(1) En effet, le préfixe DÉCI, qui désigne la *dixième* partie dans les mesures de longueur, n'en exprime plus que la *centième* quand il s'agit de la superficie et la *millième* dans les mesures de capacité. Le préfixe CENTI, expression de la *centième* partie pour les mesures de longueur, n'en désigne que la *dix-millième* à l'égard de la superficie et la *millionième* quand il s'agit de la solidité, et ainsi de suite, bien que, dans tous les cas, DÉCI eût dû répondre à *dixième* et CENTI à *centième*

le *Courrier français*, la *Gazette de France*, qui lui a consacré tout un feuilleton, le *Mémorial encyclopédique*, l'*Echo du monde savant*, le *Nouveau-Monde*, le *Journal de Jurisprudence* de Dalloz, dans deux articles, la *Revue britannique*, le *Journal de la Haute-Saône*, le *Patriote de la Meurthe et des Vosges*, dans deux articles, le *Franc-Parleur de la Meuse*, le *Journal des Côtes-du-Nord*, le *Courrier du Midi*, la *Revue d'Austrasie*, la *Fraternité*, la *Presse grayloise*, le *Journal du Palais*, l'*Illustration*, etc., ont payé à M. Collenne un juste tribut d'admiration.

« Il y a plus que de l'esprit dans ce travail, » dit le *Censeur de Lyon*; « l'érudition s'y montre à chaque ligne, non pédante et recherchée, mais simple et facile comme un livre de bon goût, dont l'auteur a l'habitude. Effacez le nom de M. Collenne. Supposez que l'idée du système octaval a pu éclore dans un cerveau de l'Institut, et bien des lecteurs signeront ces pages du nom d'Arago. »

D'un autre côté, le *Dictionnaire de la conversation* a bien voulu accueillir et renfermer dans ses colonnes un exposé du système octaval, dû à la plume de M. Collenne lui-même. Que pourrions-nous ajouter à tout cela? C'est qu'il nous a semblé, quand la vie de M. Collenne nous a été connue tout entière, que jamais l'étoile de l'honneur n'a été chercher la poitrine d'un citoyen plus utile, jamais les portes du conseil d'État ou de la Cour de cassation ne se sont ouvertes à un jurisconsulte plus éclairé, jamais celles de l'Institut à un savant plus profond.

Quoi qu'il advienne, et quel que soit l'honneur réservé à sa découverte, emporté par l'orage dans la

nuit des temps avec celui des inventeurs de l'écriture
et du système général de la numération, le nom de
M. Collenne sera peut-être un jour oublié; mais son
œuvre, avec celle de ces hommes immortels, restera
impérissable comme le monde. Qu'il se console donc
en voyant se fermer devant lui toutes les carrières
et toutes les portes. Il est sûr de ne pas mourir
tout entier, et il peut se dire comme Horace, avec
les grands hommes dont nous venons d'évoquer la
mémoire :

> Exegi monumentum ære perennius,
> Regalique situ pyramidum altius.
>
> . . . .
>
> . . . .
>
> Non omnis moriar, multaque pars mei
> Vitabit Libitinam. . . . . ego postera
> Crescam laude recens. . . . .

Vincent de Jozet, docteur en droit.

MESNARD

(JACQUES-ANDRÉ)

PREMIER VICE-PRÉSIDENT DU SÉNAT, PRÉSIDENT DE CHAMBRE EN LA COUR
DE CASSATION, ANCIEN PROCUREUR GÉNÉRAL EN LA COUR D'APPEL DE GRENOBLE,
PUIS DE ROUEN, ANCIEN MEMBRE DE LA CHAMBRE DES PAIRS, ETC.,
GRAND OFFICIER DE LA LÉGION-D'HONNEUR, ETC., ETC.

É le 11 novembre 1792 à Rochefort, département de la Charente-Inférieure, JACQUES-ANDRÉ MESNARD, fut destiné, tout enfant, à la carrière du barreau et placé, de très-bonne heure, au lycée de Poitiers, où il fit des études on ne peut plus remarquables. Reçu avocat, il alla s'établir dans sa ville natale en 1812. Il ne tarda point à se faire une place distinguée au barreau de cette ville. En 1816, il défendit avec succès M. de Chaumareix, ce déplorable capitaine de *la Méduse.* Six ans plus tard. le général Berton, renvoyé devant la cour d'assises de Poitiers, réclamait aussi le secours de ses lumières et de sa parole. M. Mesnard avait accepté de grand cœur cette glorieuse et pénible mission ; mais la cour de Poitiers ne lui permit pas de la remplir jusqu'au bout.

Libéral, aux idées avancées, M. Mesnard s'était aussi distingué dans les rangs de l'opposition, surtout durant les dernières années du règne de Charles X.

Premier avocat général de la cour d'appel de Poitiers presque aussitôt après la révolution de juillet, il avait fait preuve d'un grand zèle, d'une activité infatigable, d'une capacité peu ordinaire dans l'exercice de ces fonctions importantes, surtout à l'occasion des troubles politiques dont la Vendée et les départements limitrophes étaient le théâtre, lorsque le gouvernement du roi Louis-Philippe l'appela au poste plus élevé de procureur général en la cour d'appel de Grenoble.

Des troubles, politiques encore, mais d'une autre nature, car ils avaient une autre source, appelèrent aussitôt l'attention et l'activité inflexible du nouveau procureur général. L'esprit de justice et l'énergie qu'il sut déployer à propos éloignèrent bientôt les foyers de l'insurrection qui, deux ans plus tard, devait éclater à la fois à Paris et à Lyon, et le ressort de la cour de Grenoble tout entier en fut immédiatement débarrassé.

Deux années à peine s'étaient passées lorsque M. Mesnard fut appelé à aller exercer près la cour d'appel de Rouen les fonctions qu'il avait remplies auprès de celle de Grenoble. Conseiller en la cour de cassation en 1841, il fut élevé à la dignité de membre de la chambre des pairs le 25 septembre 1845.

M. Mesnard porta à la noble chambre l'indépendance courageuse, attribut indispensable de la glorieuse quoique souvent pénible carrière qu'il avait embrassée à son entrée dans la vie civile, et dont il ne s'est jamais départi comme magistrat. Rappeler le gouvernement du roi Louis-Philippe au souvenir de son origine, et des conditions de sa durée, fut pour lui un devoir devant lequel il n'a jamais reculé. Personne ne peut avoir oublié avec quelle éloquence énergique il annonça, moderne Cassandre, dans la discussion de l'adresse, en janvier 1848, l'imminence d'une révolution qu'un absurde système semblait prendre plaisir à provoquer.

Un mois à peine s'était écoulé, que cette révolution éclatait, emportant avec elle le trône furtivement élevé sur les barricades de juillet 1830. Le discours de M. Mesnard retentissait encore dans toutes les mémoires au moment où elle s'accomplit, et l'honorable magistrat n'eût eu probablement qu'un mot à dire pour rentrer dans la vie politique à laquelle cette révolution l'arrachait; il s'en abstint.

Toutefois le Président de la république le nomma président de chambre en la cour de cassation en 1851.

Après les événements qui se déroulèrent dans la première semaine de décembre de cette dernière année, et la réorganisation du sénat, qui fut une de leurs conséquences, M. Mesnard en fut nommé un des vice-présidents. Depuis le rétablissement de l'empire et l'élévation de M. Troplong au fauteuil de la présidence de ce *grand corps de l'État,* M. Mesnard en est devenu premier vice-président.

V. DE JOZET.

GUEYMARD

(LOUIS)

ARTISTE AU THÉATRE DU GRAND OPÉRA DE PARIS.

'IL est des vocations irrésistibles qui nous entraînent presque à notre insu, et même en dépit de nos résistances personnelles et de celles de nos familles, vers un but que nous n'aurions jamais osé espérer, ou du moins auquel nous n'aurions jamais pensé, il est aussi de ces événements sinon bizarres, du moins inattendus, qui viennent changer tout à coup le milieu dans lequel nous nous étions habitués à vivre; dévoilent dans notre organisation des aptitudes ignorées ou méconnues jusque-là, et font de l'individu qui semblait destiné à passer sa vie dans l'obscurité d'un petit village un orateur célèbre, un guerrier éminent, un savant distingué, un artiste pour qui le public des plus grandes villes, des capitales les plus renommées, ne doit jamais avoir que des applaudissements et des couronnes. Le hasard pourtant ne fait pas tout en pareille circonstance. S'il met en lumière les dispositions exceptionnelles, les germes du talent, c'est à l'étude, à la persévérance à les faire fructifier.

Les artistes musiciens semblent être en majorité parmi ces élus de la fortune, et, sans remonter bien loin, il en est au moins trois que nous pourrions citer qui, ayant commencé dans un village inconnu le rude apprentissage de la vie, sont venus à Paris, conduits par le destin, occuper la première place sur nos premières scènes lyriques: Lesueur qui, revenant un soir des champs où l'avait envoyé son père, vit passer sur la route un régiment musique en tête, et faillit se pâmer d'aise en entendant PLUSIEURS AIRS A LA FOIS, ainsi que dans son ravissement il le disait à tous ceux qui l'approchaient; Levasseur qui, tout en gardant ses bœufs, faisait retentir les échos d'alentour des éclats de sa voix magnifique ; Gueymard qui, à Lyon où il avait été porter les grains récoltés sur l'héritage de ses pères, reproduisait sans étude et sans efforts les sons suraigus du rôle de Fernand dans la *Favorite* que l'on venait d'interpréter devant lui.

Un jour viendra où nous aurons à raconter à nos lecteurs les travaux artistiques des deux premiers ; c'est de M. Gueymard que nous voulons leur parler aujourd'hui.

Fils d'honnêtes cultivateurs, M. Louis Gueymard naquit le 10 août 1824, à Chaponnay. petit village du département de l'Isère, à quelques kilomètres de Lyon, et formant la limite entre le Dauphiné et le Lyonnais. Il grandit cajolé par sa mère, initié par son père aux rudes travaux des champs. distribuant un coup de poing par-ci. attrapant une taloche par-là, mais

devenant fort, droit, élancé comme une jeune pousse
de chêne.

Grand garçon, il allait seul vendre au marché de
Lyon les récoltes paternelles, dont une bonne partie
déjà était le fruit de ses propres travaux. Doué d'une
physionomie des plus avenantes, d'un organe on ne
peut plus engageant, il trouvait avec rapidité le débit
de ses denrées, et c'était toujours l'espérance au front
qu'il quittait ses chers parents pour ses courtes et
fréquentes excursions à la ville, la joie au cœur, et
les poches pleines de beaux écus, qu'il retournait,
soumis et empressé, leur reporter le produit de ses
marchés. Rien ne rend gai comme le bonheur. Aussi,
tout en pressant le pas de son cheval, chantait-il à
gorge déployée de Chaponnay à Lyon et de Lyon à
Chaponnay, comme pour abréger la longueur du chemin, et diminuer les ennuis du voyage. Étonnés de
la puissance et de la mâle fraîcheur autant que de
l'étendue de cette voix peu ordinaire, les passants
s'arrêtaient pour l'écouter un moment.

Un jour qu'il s'était involontairement attardé à
Lyon, il se rendit au théâtre. On y jouait la *Favorite*
pour les débuts du ténor Delahaye. Cet artiste avait
été vivement applaudi, et le public avait surtout
accueilli avec le plus de faveur les passages du rôle
de Fernand où se rencontrent les sons les plus aigus
de la voix de ténor. Notre jeune campagnard n'avait
pu assister à ce spectacle sans une émotion profonde.
Il avait vu se dérouler devant lui un monde nouveau
dont son imagination avait parcouru tous les détours
avec la rapidité de la pensée. Pendant toute la repré-

sentation, des voix inconnues avaient murmuré à son oreille : Et toi aussi tu peux devenir un artiste éminent. Ces bravos enthousiastes, ces bouquets, ces couronnes c'est à toi que, si tu le veux, on pourra les adresser un jour, et avec bien plus de raison. Veuille-le donc, et bientôt tu verras s'ouvrir devant toi la route qui mène, avec le plus de certitude, à la gloire; route obstruée d'obstacles à son début, couverte presque toujours de ronces et d'épines; mais une volonté ferme, appuyée sur les éléments de succès que tu possèdes, t'aura bientôt facilité le chemin. Marche, marche, et ne t'arrète que quand tu seras au sommet de la pente, quelque difficile qu'elle puisse te sembler à gravir.

Sorti un des derniers du théâtre, il marchait la tête haute, voulant peut-être lire dans les étoiles, dont le ciel était illuminé, la sanction des avis qu'une inspiration soudaine venait de lui donner et, cherchant à se rappeler les passages de la *Favorite* qui l'avaient le plus impressionné, il chantait comme s'il eût été sur la route de son village.

Les sons qu'il produisait ainsi manquaient, sans doute, de cette suavité de liaison dont l'étude seule peut faire comprendre la nécessité et donner le secret, mais que d'ampleur dans leur volume, que de netteté, que de justesse dans leur émission ! Bientôt on fit cercle autour du jeune chanteur que l'on engagea à continuer. Sans se faire prier, il entonna successivement les morceaux les plus brillants de son répertoire.

Au nombre des auditeurs de ces vocalises abruptes

et hasardées se trouvait le chef d'orchestre du grand
théâtre de Lyon. Dès les premiers sons il avait de-
viné, reconnu une voix de ténor puissante, aux vibra-
tions métalliques, d'une étendue peu commune et
d'une fraîcheur d'autant plus rare qu'elle ne résiste
presque jamais aux efforts que l'on fait soit pour
augmenter de quelques sons graves ou aigus le diapason de cette voix, soit pour donner plus de ron-
deur à ceux dont elle se compose. C'était là une de
ces voix comme celle qu'un travail sans relâche et
un long séjour en Italie avaient faite à notre immortel
Duprez, mais avec cette différence précieuse qu'ici la
nature seule en avait fait tous les frais, et que, par
conséquent, l'étude n'avait pu en altérer en rien ni
la fraîcheur, ni l'éclat.

M. Rozet, c'était le nom du chef d'orchestre, était
un véritable artiste. Dans sa pensée, il venait de dé-
couvrir un trésor dont cependant il ne voulait jouir
qu'en le répandant à pleines mains. Il s'approcha de
l'heureux possesseur de ce trésor et lui prenant la
main : « Mon enfant, lui dit-il, renoncez à vos travaux
ordinaires, » car on lui avait fait connaître la position
sociale du chanteur improvisé, « votre voix est magnifique; il ne vous reste qu'à la cultiver. Venez me
voir, et je ferai de vous en peu de temps un sujet
distingué. » De retour au village, Louis conta son
aventure à ses parents, leur demanda la permission
de suivre les conseils du bon chef d'orchestre, et dès
le lendemain il devenait son élève.

Le dévouement du professeur, le zèle infatigable
de l'élève, les rares dispositions qui chaque jour se

développaient en lui, de plus en plus, eurent bientôt produit les plus heureux effets.

Un peu plus tard, Levasseur passait à Lyon. Levasseur dont les commencements avaient eu tant d'analogie avec ceux de l'élève de M. Rozet. Il l'entendit, et lui montrant du doigt Paris, cette grande capitale du monde civilisé sans la consécration de laquelle il n'y a pas d'artistes possibles, lui dit : « C'est là qu'il faut aller. C'est là seulement que vous pourrez acquérir ce qui vous manque encore. C'est là que vous attendent la fortune et la gloire, cent fois plus précieuse que la fortune aux yeux du véritable artiste. »

Ce conseil était aussi bon, aussi paternel que celui de M. Rozet. Louis Gueymard en comprit l'importance et ne se méprit point sur la nécessité de le mettre immédiatement à profit. Mais cette fois il s'agissait d'un long et pénible voyage, d'une absence dont il était impossible de prévoir la durée et qui serait pour le moins de quelques années. Le père et la mère avaient compris, eux aussi, que l'avenir, que le bonheur de leur fils était attaché à ce voyage, à ce séjour prolongé dans la grande capitale. Quoique à regret, ils consentirent au départ. Mais avant de quitter Lyon, soit qu'il voulut montrer à tous quel pas il avait déjà fait dans sa nouvelle carrière, soit qu'il voulut faire un suprême essai de son jeune talent, et autant pour satisfaire aux désirs de ses nombreux amis qu'à ses propres inspirations, Louis Gueymard résolut de se faire entendre sur le Grand Théâtre et dans l'ouvrage dont l'audition avait décidé de son avenir. Ses progrès n'étaient plus un mystère pour personne, et le directeur du Grand-Théâtre s'empressa de mettre à la disposition du jeune artiste ce qu'il fallait pour cette solennité, personnel et matériel, certain d'ailleurs que cette obligeance serait pour sa caisse l'occasion d'une recette abondante.

Le succès de M. Gueymard dans cette initiation fut tel que le bruit en était arrivé avant lui à Paris. A peine avait-il mis le pied dans la grande ville, qu'il reçut de M. Léon Pillet, alors directeur de l'Opéra, des propositions on ne peut plus séduisantes, car il s'agissait d'un engagement assuré et fort avantageux après des études entreprises et poursuivies aux frais de l'administration, soit au Conservatoire de musique, soit ailleurs. Déterminé à ne rien devoir qu'à ses propres ressources, qu'à ses seuls efforts, M. Gueymard refusa net, et se présenta au concours pour les places d'élèves pensionnaires du Conservatoire de musique sans autre protection que celle de Levasseur et de son premier succès au Grand-Théâtre de Lyon dans *la Favorite*.

Admis un des premiers au concours de 1845, il entra dans la classe de Bordogni pour le chant, et dans celle de Levasseur pour la déclamation lyrique, ne se laissa rebuter par aucune des difficultés qui surgissaient devant lui, les prit bravement corps à corps, parvint à s'en rendre maître, grâce à l'énergie d'une rare volonté, et fit, en très-peu de temps, les plus remarquables progrès.

A la fin de la seconde année de ses études il obtint deux seconds prix, celui de chant et celui de décla-

mation, succès étonnant, prodigieux, eu égard aux
conditions dans lesquelles il se trouvait à son entrée
dans l'établissement, et pourtant ce n'était point le
seul qu'il eut réalisé. En effet, ces deux années
d'études au Conservatoire n'étaient pas terminées,
qu'il ne lui restait plus rien de cette timide gaucherie
dont les campagnards inopinément transplantés dans
nos villes ont tant de peine à se débarrasser. C'était
alors un grand et beau jeune homme, aux manières
élégantes et polies, aux habitudes aristocratiques et
de bonne compagnie. Tout ce qu'il avait conservé
des mœurs du village, c'était une loyauté à toute
épreuve, un amour inaltérable, une vénération profonde pour ses vieux parents, dont le souvenir vivait,
toujours et de plus en plus, dans son cœur comme
dans sa pensée.

Quelques mois plus tard la révolution du 24 février
avait éclaté et les préoccupations politiques ou sociales
auxquelles chacun était en proie avaient fait déserter
le théâtre pour les clubs. Le Grand-Opéra, redevenu
le théâtre de la nation, avait vu fuir son public aris-
tocratique et penchait vers une ruine qui semblait
inévitable. En attendant une œuvre nouvelle capable
de faire reprendre à la foule le chemin du bureau de
location, la direction conçut l'idée de lui présenter
l'appât d'un début éclatant.

Aux leçons de Bordogni et de Levasseur, M. Gueymard avait ajouté celles de M. Delsarte, et, grâce
à ces trois professeurs émérites, grâce surtout aux
dispositions merveilleuses dont le ciel l'avait doué,
activement secondées par un travail incessant, chaque

jour avait vu se réaliser un progrès chez le jeune chanteur, qui pouvait désormais aborder sans danger le grand répertoire, bien que sa troisième année d'études ne fut écoulée qu'à moitié.

Ce fut le 12 mai 1848, et dans le rôle capital de *Robert le Diable*, qu'il apparut pour la première fois sur la scène redoutable du Grand Opéra de Paris.

Si nos souvenirs sont exacts, il succédait à Gardoni dans le rôle de Robert. Ce fut par des qualités entièrement opposées à celles de son devancier immédiat qu'il sut nous le montrer sous un aspect tout nouveau, lui donner même un cachet tout autre que celui dont Nourrit l'avait marqué dans l'origine. C'était en effet par la souplesse de leur chant, par la grâce de leurs vocalises que Nourrit et Gardoni avaient brillé dans le rôle de Robert ; ce fut par la puissance des moyens, par l'énergie de la passion, que M. Gueymard parvint à s'y faire remarquer et à conquérir ainsi, et du premier coup, dans l'estime du public, une place égale à celle qu'y occupaient les grands artistes auxquels il succédait.

Dès la première répétition, il ne restait aucun doute dans l'esprit du directeur sur le succès réservé au débutant, et probablement dans la crainte de se trouver après la représentation en face d'exigences que le triomphe du jeune chanteur devait sans doute justifier, il s'empressa de lui offrir et de lui faire signer à la fin de la dernière répétition générale un engagement fort honorable.

Les événements graves qui suivirent, coup sur coup le premier début de M. Gueymard sur la scène du grand Opéra, étaient bien faits pour faire déserter les théâtres les plus attractifs, et négliger les artistes les plus justement aimés. Pourtant, jusqu'au moment ou l'état de siége fit fermer, par ordre, les portes de l'Opéra. M. Gueymard, dont le succès dans le rôle de Robert grandissait chaque jour, sut y maintenir un public fort nombreux. Puis, quand il fut permis aux parisiens de mêler de nouveau quelques plaisirs au tourment des affaires, ils retrouvèrent avec bonheur au théâtre de la rue Lepelletier l'artiste qu'ils s'étaient habitués à y applaudir chaque soir.

Bientôt une pièce nouvelle, *Jeanne la folle* de M. Clapisson, dans laquelle M. Gueymard créait le rôle principal, celui de *Philippe le Beau* fut un nouvel attrait pour les dilettanti parisiens. Ils répondirent en foule à cet appel suprême.

Dans le nouveau rôle confié à son jeune talent, le débutant avait acquis chaque soir de nouveaux titres à l estime, à la faveur du public. Cependant, malgré les nobles efforts des artistes chargés de l'interprêter, *Jeanne la fo le* n'apparut sur la scène de l'Opéra que pour mourir, comme tant d'autres, après quelques mois d'une exis ence languissante. L'Opéra éta.t à deux doigts de sa perte quand un événement inespéré, vainement attendu depuis huit années vint lui rendre l'espoir, la certitude d'une longue et brillante fortune. M. Meyerbeer avait remis au directeur la partition du *Prophète*, qu'à défaut d'un personnel convenable il lui avait refusée jusque-là.

Dans ce chef-d'œuvre des chef-d'œuvres du Maître, le rôle de Jonas n'est pour ainsi dire qu'un remplissage, une partie plus ou moins nécessaire à la perfection d'un grand tout, et cependant le soin minutieux de sa réputation qui préoccupe l'illustre Maëstro, jusque dans ses actes en apparence les moins importants ; le scrupule avec lequel il vérifie lui-même, et plutôt deux fois qu'une, les capacités de timbre, de volume, de diapason et de vocalise des artistes auxquels il veut bien confier les moindres rôles dans la création de ses œuvres impérissables, ne permettent pas de supposer qu'il s'en fut remis au hazard pour l'exécution de celui de Jonas bien qu'il soit presque nul, à part le quatuor du deuxième, acte et surtout le trio bouffe du troisième. Lui aussi il avait vu, entendu, apprécié M. Gueymard dans le rôle de Robert et dans celui de Philippe-le-Beau, et il dut regarder comme une des chances les plus heureuses de sa vie, si belle et si heureuse au point de vue de l'art, celle qui mettait à sa disposition, pour ce rôle effacé, un artiste à qui il aurait pu confier, sans appréhension aucune, celui de Jean lui-même, et il s'empressa de le lui offrir. Modeste et simple, artiste avant tout, M. Gueymard, bien qu'il en eut peut-être eu le droit aux termes de son engagement, ne crut pas devoir refuser cette partie dans le nouveau chef-d'œuvre. Il accepta sans hésiter le rôle de Jonas, quelque humble qu'il soit, et apparut bravement sous le costume d'un anabaptiste aux côtés de Levasseur jadis son professeur et qui était devenu son camarade, son ami.

Mais un honneur bien plus grand, honneur aussi juste que mérité, lui était réservé. Quelques mois

plus tard, une cause que nous avons oubliée tint
M. Roger éloigné de la scène pour quelque temps.
Le succès du *Prophète* allait grandissant chaque jour.
Il était impossible, il eut été maladroit de renoncer
aux recettes fabuleuses que, malgré les temps de révolution dans lesquels nous vivions alors, cet ouvrage immortel faisait tomber chaque soir dans la
caisse de l'administration. D'ailleurs n'avait elle pas
M. Gueymard et ne dut elle pas regarder comme
une bonne fortune la possibilité de le produire, lui
aussi, dans ce rôle de *Jean* où M. Roger s'était élevé à
uue si grande hauteur comme chanteur et comme
comédien.

M. Gueymard se montra donc dans ce rôle admirable et le plus magnifique succès fut le prix de ses
efforts. Accueilli d'un bout à l'autre par les applaudissements les plus chaleureux et les plus positifs,
car ils partaient de la salle entière et c'était, par
conséquent, le vrai public qui les lui adressait, il fut
rappelé à la chute du rideau. Depuis lors, cette ova-
tion ne lui a fait défaut à aucune de ses apparitions
sur la scène de notre grand Opéra.

Le triomphe de M. Gueymard dans le rôle principal du *Prophète*, devint aussitôt pour le monde parisien l'objet de toutes les conversations, et déjà ce
n'était plus un fait contesté par personne quand la renommée, embouchant toutes ses trompettes, s'en fut
l'annoncer à l'Europe entière par la voix des feuil-
letons de tous les journaux qui s'occupent du théâtre.

Pendant tout le temps que dura l'absence de
M. Roger, M. Gueymard garda le rôle de *Jean* qui

l'avait placé si haut dans l'estime du dilettantisme parisien. Depuis il a joué, concurremment avec l'artiste éminent qui l'a créé, ce rôle qui doit faire époque dans sa vie, comme dans celle de M. Roger.

Réengagé à des conditions pécuniaires dignes de la haute position que d'incessants, d'incontestables progrès lui avaient faite, M. Gueymard put lui aussi se donner les loisirs et les profits d'un congé. C'est à Lyon que sa carrière artistique s'était décidée, ce fut au public de cette ville qu'il crut devoir aller montrer d'abord ce qu'il était devenu.

A défaut d'expressions convenables nous n'essaierons pas de dire quelles acclamations frénétiques saluèrent chacune de ses apparitions sur le grand théâtre de Lyon, ni les ovations qui les suivirent. Trois années se sont passées depuis lors, et cependant leur souvenir doit être encore palpitant d'actualité au cœur de l'artiste qui en fut l'objet.

Son retour à Paris fut un autre triomphe. Il y revenait pour donner une vie nouvelle à un des innombrables chefs-d'œuvre de Rossini, à *Moïse*, dont la scène de la rue Lepelletier avait été veuve trop longtemps. Il s'acquitta du rôle d'Aménophis de manière à conquérir pour sa couronne une nouvelle pierre étincelante qui ne lui fit pas défaut,

Il avait créé depuis avec un éclat très-remarquable Phaon dans la *Sapho* de M. Gounod, Rodolphe dans *la Nonne sanglante* du même compositeur; Rodolphe aussi dans la *Louise Miller* de M. Verdi, Rodolphe encore dans le *Maître chanteur*, de M. Limmander; repris avec un succès peu commun Arnold de *Guil-*

laume Tell, Éléazar de la *Juive*, Fernand de la *Favorite*,
etc., lorsque l'engagement de mademoiselle Cruvelli
au théâtre de l'Opéra fut pour lui l'occasion de mé-
riter de nouvelles couronnes. La jeune virtuose ap-
paraissait dans la Valentine des *Huguenots*, et l'artiste
chargé d'interpréter le rôle de Raoul à ses côtés devait s'élever à une hauteur bien difficile à atteindre,
pour ne point sembler trop indigne de cette illustre
partner.

Chargé de cette tâche difficile, M. Gueymard s'en
acquitta au milieu des bravos frénétiques et incessants de toute la salle et, à deux reprises, il fut rappelé avec mademoiselle Cruvelli.

Depuis son entrée dans la carrière, chaque pas de
M. Gueymard a été marqué par un succès grandissant à chaque fois, et jamais ce succès n'a été surpris
ni à l'entraînement, ni à l'enthousiasme du public,
car chacune de ses reprises ou de ses créations attes-
tait un progrès réalisé.

La manière dont il venait de s'acquitter de la partie
de Raoul dans les *Huguenots* devait inspirer désormais
aux compositeurs une confiance absolue. Aussi le
maëstro Verdi n'hésita-t-il pas à s'en remettre à lui
du soin d'interpréter le rôle de Henri Notta dans *les
Vêpres siciliennes*, tandis que mademoiselle Cruvelli
consentait à y créer la partie d'Héléna.

Nous n'essaierons pas de décrire les témoignages
d'enthousiasme qu'obtinrent les artistes chargés d'interpréter les parties principales du nouvel opéra,
disons seulement que celui à qui nous consacrons
cette notice fut appelé à partager toutes les couronnes

offertes à la cantatrice et toutes les ovations dont elle y fut l'objet ; bravos et ovations que M. Gueymard a retrouvés et a continué à recevoir dans *les Vêpres siciliennes* depuis que mademoiselle Moreau-Sainti a succédé à mademoiselle Cruvelli dans le rôle d'Héléna.

Après avoir fait subir les plus étranges mutilations à *Guillaume Tell*, ce dernier chant dramatique du cygne de Pezzarre, l'administration de l'Opéra se décida à nous rendre ce chef-d'œuvre dans toute son étendue primitive, sauf toutefois certaines coupures dans la contexture de quelques morceaux. Déjà lors d'une autre reprise, M. Gueymard avait chanté avec un rare succès la partie d'Arnold. Elle lui revenait donc de droit. Cependant une indisposition assez grave est venue le saisir la veille même du jour fixé pour la première représentation, et l'a tenu éloigné de la scène pendant près de deux mois.

Salué à sa rentrée — 20 août 1856 — par les acclamations d'un public de deux mille personnes, M. Gueymard a chanté ce rôle difficile, et écrasant de souvenirs, de manière à satisfaire les plus exigeants. Quant à nous qui avons eu le bonheur d'entendre et de voir cinquante fois peut-être Nourrit ou Duprez dans l'Arnold de *Guillaume Tell*, il nous a paru que, s'élevant presque à la hauteur de son devancier immédiat sous le double rapport de la voix et du chant, il n'y était nullement inférieur à Nourrit au point de vue du drame. C'est là chez M. Gueymard un progrès réel que nous prenons plaisir à constater, et que du reste il nous avait promis dans *le Prophète, Louise Miller, les Huguenots* et *Les Vêpres siciliennes*. D'ailleurs, le public a été de notre avis, car il a rappelé trois fois le jeune artiste, et c'était là justice rigoureuse.

La place enviable qu'il a su conquérir au théâtre du grand Opéra n'a donné à M. Gueymard ni morgue ni orgueil. Simple et modeste dans ses goûts, comme il l'était au village, quoique plus élégant et plus délicat, il habite dans les hauteurs de la rue Pigalle un appartement plutôt modeste que somptueux. Un tilbury du bon faiseur, un magnifique cheval de race, une levrette délicieuse constituent tout son luxe. Plus d'une fois ses voisins, et nous sommes du nombre, ont pu le voir s'adonner *prosaïquement*, avec quelques amis, au jeu de boules dans le jardinet qui s'étend sous les fenêtres de son appartement; plus d'une fois aussi, car son amour filial semble avoir grandi avec sa fortune, on l'a vu donnant le bras avec respect à une vénérable dame, lui, l'artiste aimé du public, pour qui les femmes les plus jolies, et les plus élégantes, n'ont que de doux sourires, et les hommes de cœur que des regards sympathiques, promener triomphalement sous l'éclat du gaz et à travers les splendeurs du foyer de l'Opéra, cette femme respectable, sa mère bien aimée, dont le costume n'a pas cessé d'être celui d'une fermière aisée de la campagne lyonnaise.

FRANCIS ROCH.